钟绍华 ◎著

点石成金
营销不难！

● 畅销品20%靠品质

中国出版集团
世界图书出版公司
西安 北京 广州 上海

版权登记号：25-2015-183

图书在版编目(CIP)数据

点石成金：营销不难/钟绍华著.—西安：世界图书出版西安有限公司,2015.6
ISBN 978-7-5100-9535-1

Ⅰ.①点… Ⅱ.①钟… Ⅲ.①市场营销学—通俗读物 Ⅳ.①F713.50-49

中国版本图书馆CIP数据核字(2015)第078392号

本书通过四川一览文化传播广告有限公司代理，经台湾大都会文化事业有限公司授权，由世界图书出版西安有限公司独家出版发行。未经许可，不得以任何形式复制、转载。

点石成金：营销不难

著　　者	钟绍华
责任编辑	雷　丹
封面设计	新纪元文化传播
出版发行	世界图书出版西安有限公司
地　　址	西安市北大街85号
邮　　编	710003
电　　话	029-87233647(市场营销部)
	029-87235105(总编室)
传　　真	029-87279675
经　　销	全国各地新华书店
印　　刷	陕西天意印务有限责任公司
成品尺寸	210mm×145mm　1/32
印　　张	7.5
字　　数	130千
版　　次	2015年6月第1版　2015年6月第1次印刷
书　　号	ISBN 978-7-5100-9535-1
定　　价	29.80元

☆如有印装错误，请寄回本公司更换☆

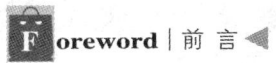

营销是企业赖以生存的命脉

一个成功的销售行为,就是将商品售出,以获得商品所该有的利润价值。然而,在销售这一过程中,如果不得其法,就有可能面临举步维艰、进退失据的困境。

要如何才能在销售过程中做到被消费者看见、被消费者接受、被消费者喜爱,最后达到被消费者拥有的完美销售行为呢?一般来说,畅销商品成功的关键因素,除了系于产品本身质量的优劣之外,更重要的是产品的营销包装是否成功,这也正是商家一再探寻的重点所在。

95%的松露巧克力没有松露,因为它卖的是造型、是噱头,所以消费者依旧大方买单;快乐儿童餐到底让谁买到了快乐?小朋友乐了,业者爽了,但父母却不得不微笑买单;我集点,他集资,当你在苦恼要多买些什么凑点数时,你就已是瓮中之鳖——众多真实的营销案例充斥在我们身边,营销不单单只是一种糖衣式的包装,更是一种"冲动操控学",它牵涉到业者自身的定位、对消费者的管理,以及能否掌握转瞬即逝的商机。

点石成金,营销不难!笔者精选和总结全球经典的企业成功经营策略与成功的销售技巧案例,让人们明了成功的营销是"从生活中来,又将回到生活中去"的这个不变真理。其中有的案例着重在销售前期的酝酿,有的着重在销售的全程策划,有的则涉及企业的自我定位与经营策略,但始终围绕着企业视之为命脉的销售行为与价值。

本书集百家之长,揉合成一家之精华,结合各大企业特色,对于想成功营销自我或商品的企业来说,无疑是不可多得的致胜法宝。

Contents | 目录

1 ▶ 营销巧思，抓住消费者眼光

- 麦当劳成功塑造欢乐形象 /2
- 高明设计征服知名品牌 /4
- 杂志香页广告，闻得到的商机 /6
- 变形金刚横扫市场，周边商品大卖 /7
- 多角度宣传，争取公平竞争 /9
- 小心吃到"奶酪金币" /12
- 亮眼营销，创造无穷商机 /14
- 抓住顾客心理，带动销售业绩 /16
- "三秒胶"的推销绝技 /18
- 自有品牌，省下大笔营销费 /20
- 借活动造势，打出品牌知名度 /22
- 累积人脉就是累积钱脉 /24
- 引人注意的悬赏促销法 /26
- 说明产品缺点，让消费者安心 /28
- 产品坚固耐用，获得消费者认可 /30

- 提供优质服务，英航重新夺回市场 /31
- 质量取胜，不打价格战 /35
- "无限期维修"，打响企业名号 /37

Contents 2 ▶ 用对营销手法，创造财源

- 细分消费对象，明确出击 /40
- 销售四部曲，挑动消费者的心 /41
- 做对市场区分，行情看涨 /43
- 运用定价策略，商品多元发展 /45
- 取经西方，小肥羊火锅超越麦当劳 /47
- 免费留影，招揽游客上门 /50
- 换个说法，赢得顾客信赖 /51
- 曲线进攻，换来最后胜利 /53
- "衬托销售"策略，与名牌并驾齐驱 /55
- 巧用"美人计"，扇动消费者的心 /58

Contents | 目录

Contents 3 ▶ 创意经营，处处是商机

- 营销奥运，逆势转亏为盈 /62
- 看准消费群体的魔法营销术 /66
- 先赔再赚的高明揽客法 /69
- 创新才是企业永葆活力的方法 /71
- 低价量产，抢占消费市场 /73
- 提供互利措施，攻下对手市场 /76
- 紧盯市场变化，拼出企业新出路 /77
- 反其道而行，抓准进场时机 /80
- 观察消费需求，商机就在身边 /82
- 不盲目追赶潮流，发掘真正商机 /84
- 利用对手弱点，提高自身竞争力 /86

Contents 4 ▶ 品牌形象是打造出来的

- 抓住消费者潜在欲望，塑造个性化商品 /88
- 电影配可乐，卖的是欢乐气氛 /91

- 利用皇室，提高企业身价 /93
- 开创独特品牌，低价策略奏效 /95
- 用"老二"战术，仿效竞争对手 /99
- 远渡重洋镀金，打开国内市场 /102
- 闯出名号，打造自我品牌 /104
- 创新与专业使企业永葆竞争力 /106
- 悄悄研发新品，重击对手 /108
- 捍卫商誉的专利权保卫战 /110
- 抓住消费者心理，产品加入创意元素 /115
- 不花大钱，也能巧妙营销 /117
- 分期付款创举，买卖双赢 /118
- 远而有助，另辟销售网 /119
- 优质售后服务，树立企业形象 /121

Contents 5 ▶ 产品定位，抢先嗅出商机

- 独特包装与配方，稳居饮料行业龙头位置 /124

Contents 目录

- 顾客的意见就是钞票 /128
- 预测准确的经营之神 /130
- 定价塑造高档形象 /131
- 国际化赛事让产品话题不断 /134
- 创造价值，不被时代淘汰 /136
- 拳击式产销计划，抢占商机 /139
- 看准趋势，招揽人才拓疆土 /142
- 建立跨国销售网要强调商品特色 /145
- 扶持竞争对手，创造互利价值 /147
- 识在人前，走在人前 /152
- 人无我有，开发新产品 /155
- 从销货状况做实时的灵活判断 /157
- 追求轻薄短小的时代潮流 /158
- 跨国结盟，利于技术创新 /160
- 分散对手注意，异军突起 /162
- 新颖设计，重新抓住消费者需求 /165

点石成金 营销不难

contents 6 ▶ 利用名人魅力，广告效果加倍

- 以公益之名刺激销量 /168
- 国际影星让商品看来更可口 /169
- 善于形象包装，创造媒体效应 /171
- 连第一夫人也喝的饮料 /174
- 为明星提供服装，增加曝光率 /176
- 总统金口带来广告形象效益 /178
- 小商品靠媒体创造大利润 /180
- 白兰地进入白宫，打开美国市场 /182
- 名人光环，打开知名度 /184
- 连环累积印象，广告效果加倍 /185
- 赠品营销法让电影红遍海外 /187
- 逆向宣传，抬高身价 /189
- "名人效应"让滞销商品畅销 /190

Contents 7 ▶ 抓准消费心理，激起购买欲

- 抓准消费者渴求心理，塑造商品抢手形象 /194
- 利用消费者捡便宜心理，折扣商品狂销 /196
- 预期涨价心理，囤货销售一空 /200
- 一举多得的顶级定价策略 /202
- 逆向操作，丑陋玩具变黄金 /204
- 瞄准年轻一族，新款商品畅销 /205
- 抓住顶级客户，大卖高档货 /206
- 物以稀为贵，创造市场价格 /207
- "专卖策略"奏奇效 /209
- 免费饮酒带来的商业效益 /211
- 看似"赔本"的赚钱买卖 /213
- 赠品促销奏效，带动商品销售 /215

- 使出"限量"招数,加速消费者下定购买决心 /217
- "得不到最珍贵"的逆向销售法 /219
- 让人无法拒绝的高帽子推销术 /222
- 画出未来蓝图,达成销售目的 /224
- 用幽默说法巧妙推销商品 /226

Chapter 1
营销巧思,抓住消费者眼光

麦当劳和变形金刚要卖给消费者的究竟是什么?产品的外在形象不仅是产品本身的延伸和具体化,更直接表现了产品所要营造出来的氛围与附加价值,这些为消费者所带来的愉悦和满足,常常更甚于商品自身。而这些感受,就需要通过高明的营销手段来传递给消费者知晓。

麦当劳成功塑造欢乐形象

麦当劳的成功,在于其为顾客着想的心以及成功塑造的形象。他成功的经营模式,成为众多快餐连锁店借鉴的对象。为了方便顾客用餐,麦当劳快餐连锁店一律采取顾客"自助端餐盘"的形式。顾客只需排一次队,便可将所点购的食品带走。即使在生意最忙的时候,麦当劳也保证只需要一两分钟,就能将热气腾腾的快餐送到顾客手里,门市里也会尽量增设楼层与座位,确保客人有用餐的座位,而不需要额外的带位服务人员。

另外,美国的高速公路四通八达,为了满足出门在外的顾客所需,方便驾驶途中有个休息和吃饭的场所,麦当劳还在高速公路两旁和郊区开设了许多分店,并且在距店面十来公尺的地方设置对讲机,只要对着对讲机报上所需餐点,等车开到小窗口,即可以一手交钱,一手取餐,是可马上驱车上路的"得来速"服务。

为了让顾客携带方便,他们会事先把卖给顾客的汉堡和炸薯条装进盒中和纸袋,可以让食物不致在车子行进间倾倒或溢出。甚至连饮料杯盖也都预先划好十字口,为顾客考虑得十分周到。

Chapter 1 | 营销巧思，抓住消费者眼光

麦当劳处处为顾客着想，为了便于顾客辨认或寻找，他们的门面都是十分醒目和引人注意的。他们的方法，一是让麦当劳的服务人员都穿上有明显LOGO图案的制服；二是在麦当劳店门上都挂上耀眼的拱形"M"字霓虹灯商标，使慕名前来的顾客无须费太大的功夫就可找到麦当劳的位置。

除此之外，麦当劳快餐连锁店还以家庭消费为主，举办小朋友的生日派对、家庭聚餐……希望每一位用餐者都有一种宾至如归的感觉与美好的回忆。与其说越来越多的消费者去麦当劳是因为他们的汉堡好吃，更不如说是为了感受家庭生活和与朋友相聚的乐趣。麦当劳卖的已经不仅仅是麦香堡和薯条了，它还贩卖了更多难以取代的欢乐与温馨的感受。

高明设计征服知名品牌

美国可口可乐瓶子的诞生,据说就是一段自我推销的有趣插曲。

那是在1920年左右,一个名叫罗特的年轻人,看到他女朋友穿着圆裙时所得到的灵感,于是设计了可口可乐的瓶子,这种瓶子至今仍广为饮料制造者所使用。

当时,罗特对于自己设计的瓶子非常有信心,他画了瓶子的素描到可口可乐公司去毛遂自荐。他在可口可乐公司里向对方说:"我所设计的这个瓶子,外观非常漂亮,握住的地方也很稳,绝对不会滑落下来。"

但是可口可乐公司的负责人却以一种不屑的眼光看着他。数天之后,罗特拿着做好的实际瓶子和一个杯子,又来到可口可乐公司。出来传话的职员依然以不屑一顾的神情望着他,但罗特不慌不忙地问众人:"各位,你们知道这个瓶子和杯子的容量哪一个大吗?"

大家不约而同地答道:"当然是瓶子的容量大些。"

等他们说完,罗特就将杯子的水倒入瓶子里,结果杯里的水却无法全部装进瓶子,多出的水从瓶口溢了出来。由此可以显示罗特所设计瓶子的优点,它满足了厂

Chapter 1 | 营销巧思，抓住消费者眼光

商对产品包装视觉效果的愿望，即看似分量多且视觉佳的完美要求。

于是针对罗特所设计的瓶子，可口可乐公司立刻召开了董事会，讨论是否要用罗特设计的瓶子来装可口可乐。没过多久，可口可乐公司就决定与罗特签订合约，他所设计的弧线型瓶子也一直被沿用至今。

罗特能够在独排众议的情况下，为自己赚取了一笔可观的设计费，可说是完全以实物来影响对方的感觉所获得的结果。

杂志香页广告,闻得到的商机

在美国,自从乔治奥公司以杂志广告上的"香页"来做香水广告后,已有十几家厂家仿效,这让从1980年不断下跌的香水销量转为上升的趋势。

这些香页通常夹在妇女杂志和家庭、装饰之类的杂志当中。其方法是在明信片大小的广告页上,铺上许许多多的细微香油滴,再用特制的方法使油滴不会裂开溢出。撕开广告,该品牌香水的香味便飘散出来,调制的浓淡相宜,十分诱人。

香页上印有几百个经销商的免付费电话,只要打电话过去订购,香水就会寄送到消费者手上,而运费则计入到信用卡中。

用香页宣传香水的方法,使一些非香水行业也受到启发。譬如劳斯莱斯汽车在《建筑文摘》上也刊出了香页广告,香页里传出的是该车车座上的真皮气味。广告刊出后,询问劳斯莱斯汽车的电话增加了四倍之多。

这也说明了香页市场的确具有一些潜在的销售力量。虽然刊登香页费用很贵,但香水的销售统计显示香页广告是成功的。这正如"夏巴市场"的化妆品及香水市场主任戴尔所说的:"香水生意的竞争很激烈,所以要把香气直接送到人们的鼻子里面。"

变形金刚横扫市场，周边商品大卖

当《变形金刚》里的动画角色在荧幕上变形、翻飞、打斗时，成千上万的儿童早已目不转睛、无暇顾及其他了。看准这股动画旋风，美国孩之宝（Hasbro，美国一家大型游戏公司，也是全球第二大玩具生产商）跨国公司生产的变形金刚玩具，同样也像北美大陆的飓风般，横扫了儿童玩具市场。

与其说变形金刚有什么超凡的魅力，不如说美国孩之宝公司的销售服务功夫到家。

早在1986年，"孩之宝"的变形金刚玩具在美国大赚十三亿美元后，就开始在美国市场滞销了，于是美国人瞄准了当时拥有三亿儿童的中国市场。为了推销变形金刚，美国孩之宝公司派人在中国进行了长达一年之久的市场调查，之后认为：中国儿童玩具市场很大，因为独生子女的缘故，让父母们舍得投资。因此，孩之宝公司得出结论：变形金刚这套玩具虽然价格高，但在中国的大城市仍然会有广大的消费市场。

于是，孩之宝公司先将一套《变形金刚》动画系列片免费送给广州、上海、北京等大城市的电视台播放，这些便成了不花钱的广告系列片。另外,《变形金刚》的内容充满了热情与幻想的种种元素,为孩子们带来了启发与乐趣,在众多孩子的脑海中留下了深深的烙印,让每个孩子都对此着迷,想要拥有它们。

之后,变形金刚果然从荧幕上"走下来",成为一件件精美的玩具商品。孩之宝公司将变形金刚的周边商品再度投入中国市场,孩子们简直像着了魔似的,纷纷央求父母购买"变形金刚"玩具,甚至还要再买两本《变形金刚》的画册。

明眼人在这场销售策略中不难看到,售前服务与广告营销的重要性绝不亚于售后服务。孩之宝公司在售前经过仔细的市场调查,巧妙地以"电视片宣传"为其产品的销售铺起一条平坦的大道,让孩子们先对变形金刚着迷,再推出变形金刚的周边商品,让销量大增,发挥事半功倍的效果。

Chapter 1 | 营销巧思，抓住消费者眼光

 多角度宣传，争取公平竞争

争取到顾客就等于争取到市场占有率。也就是说，谁能拥有市场，谁就立于不败之地。经营者想得到顾客，就要像虎口夺食般的去争取他们，因此广为宣传、招揽顾客、扩大市场占有率绝对是当务之急。

1970年，京山英太郎兴建了一座游泳池，这座游泳池位于京阪电气化铁路线牧野站前方，这是一座可以同时容纳一万人游泳、既巨大又豪华的游泳池。

然而，问题是就在牧野站靠大阪方向的前一站牧方站，已有一个由京阪电铁自己经营的游泳池。对来自大阪的游客来说，英太郎的游泳池比牧方站游泳池远了一站。这还不是最大的问题，最伤脑筋的是，京阪电铁毫不避讳地利用车上播音设备，大力为自己的泳池宣传："下一站是牧方站，牧方游泳池就在那里。"于是，旅客自然而然接收到牧方游泳池的宣传讯息，在牧方站下车。

京山英太郎感到问题的严重性。为了扭转在地理位置上的劣势，夺回被京阪电铁拉走的旅客，唯一的办法就是使游客知道在牧方站下一站的牧野站，有一个比牧方游泳池更好的游泳池。

为了达到这个目的,最有效、最简捷的办法就是在游客最多的京阪电气火车车站内多做广告。倘若能够做到这一点,那么,即使车长一再广播"下一站是牧方游泳池",也会有人想到设备更新、服务更好的牧野游泳池去看看。

可是,京阪电铁当局拒绝接受牧野游泳池做车厢广告,以免打击到自家的生意。在走投无路的情况下,英太郎只好亲自带领十二名职员,在一个星期天的傍晚,到达牧方站,发送牧野游泳池的免费入场券。

赠送免费入场券的效果可说是立竿见影。从第二天开始,来牧野游泳池的人数立刻呈现直线上升态势。接着,英太郎并没有放松他的行动速度,第二个星期天,他继续带领职员发送他的免费入场券给那些刚从牧方站泳池出来的泳客们。

这个战术的效果非常理想,尽管京阪电铁的车长声嘶力竭地宣传:"下一站是牧方游泳池!"但拿着牧野免费入场券的游客们都充耳不闻,于是牧方游泳池的游客锐减,而英太郎的游泳池则一时门庭若市,热闹非凡。

终于,京阪电铁再也受不了,要求英太郎停止发放免费入场券的活动。英太郎想,如果此时提出车厢广告的建议,对方仍会感到犹豫。于是,他绝口不提车厢广告的事,改用漫天要价的手法,他说:"可以考虑你们的建议,但

Chapter 1 | 营销巧思，抓住消费者眼光

是希望你们今后不要在车内广播'牧方游泳池'的词句。如果无意改变播音内容，那么，在车抵达牧野站前，希望也能替我们广播一下，以示公允。"

对于这个建议，电铁方面当然大摇其头，哪有代替竞争对手做广告宣传的傻瓜呢？于是，英太郎此时装出一脸委屈的神态说："既然你们有困难，我也无意强人所难，但最低限度，你们应该同意让我在车厢上做些广告。"最后，京阪电铁不得已只好接受了这个建议。从那之后，牧野游泳池的泳客与日俱增，一年接近二十五万人次，这个数字相当于整个夏季到富士山观光的总人数。

英太郎采取紧迫盯人的办法，毫不松懈地将宣传广告具体呈现在顾客眼前，并且要求公平竞争，最后战胜了对手。

小心吃到"奶酪金币"

有位西方经济学大师曾说过："想发财是现代人最健康的心理。"有人对这句话只是听听罢了,但是有些人便会利用此心理大做文章。立普顿便充分利用人们的这个心理而发了大财。

某年圣诞节,德国商人立普顿为了促销代理的奶酪,就想到欧美流传的一个说法:如果在圣诞节前后所吃到的苹果里面藏有一枚六便士的铜币,明年将整年幸运。立普顿从中受到了极大的启发,于是他从每五十块奶酪中挑一块,放进一枚一英镑的金币。

同时,立普顿又利用氢气球在空中散发传单,大造声势,以招揽更多的顾客。于是成千上万的消费者在气球的震撼与金币的诱惑下,涌进了立普顿的奶酪经销店,人们都想买到藏有金币的奶酪。这就使得他代理的奶酪热销,为他带来了巨额利润。

立普顿的成功遭到了竞争对手的忌妒,于是,他们向法院控告立普顿的做法有赌博的嫌疑。立普顿并没有因为对手的抵制而退缩,反而以退为进,在各地经销店张贴通知:"亲爱的顾客,感谢大家购买立普顿奶酪。但若发现

Chapter 1 | 营销巧思，抓住消费者眼光

奶酪中藏有金币，请将之退回，谢谢您的购买。立普顿奶酪敬启。"

果然不出立普顿所料，消费者不但没有退还金币，反而在"奶酪金币"的声浪中更加踊跃地前往购买。苏格兰法院也认为这纯粹是娱乐活动，也不再加以干涉。

立普顿的竞争对手仍不肯罢休，又以食品安全理由要求法院取缔这次危险活动。

当法院再度调查时，立普顿奶酪又在报纸上刊登了一大页广告："法院又来一道命令，故请消费者在食用立普顿奶酪时，注意在里面可能藏有一枚金币，不可匆匆忙忙吞食，应十分谨慎小心，才不至误吞金币，造成危险。"

这则广告反倒吸引了更多的消费者注意，上门购买。这次，就连竞争对手也毫无招架之力了。

立普顿巧施"连环计"，不仅让竞争对手一筹莫展，更让顾客难以抵挡诱惑，最后让他的奶酪生意一路长红，业绩大幅提升。

亮眼营销，创造无穷商机

在营销界有一句流传很广的名言："即使你所出售的商品只是一粒毫不起眼的石子，但你仍须以天鹅绒包装。"这句话的意义就在于要让顾客相信，即使是外表普通的商品，也蕴含着丰富的价值。

因此，一流的营销方式就必须正好能帮助顾客认识到这一点。例如，当你向顾客推销汽车或家用电器时，绝对不可以用手敲打，而只能谨慎而细心地触摸，使顾客在无形中感受到商品的尊贵与价值。也许你的商品很普通，但你如果能用示范动作将商品价值大幅提升，并将讯息传递给顾客知道，那么就能达到真正的效果。

举例来说，当我们要对顾客推销遮阳伞的时候，口沫横飞地说上大半天，倒不如轻松自如地将遮阳伞打开，扛在肩上再旋转一下，优雅地展示出伞所呈现的风采，这样自然就会让顾客留下很深的印象，从而对我们的商品有了质量好、样式美的感受。

如果能用新奇的示范动作来展示一件很普通的商品，那么效果就会更好。例如，当你在推销一种油污清洗剂时，一般的示范方法，是用你所推销的清洗剂把一块脏布洗净。

然而如果一改常态，先把穿在你身上的衣服弄脏，然后用所要推销的清洗剂洗净，那么这样示范的效果肯定会与前者不大一样，也会为你的推销带来更大的成功。

如果你所推销的商品具有特殊的性质，那么你的示范动作就应该一下子把这种特殊性表达出来。假如在推销一种十分结实的钢化玻璃酒杯，你可以让酒杯互相撞击而不会碎；同时，你再向顾客说明这种酒杯特别适合野餐使用，不易碎、好携带，这样他们便能理解其用途，对这个新商品的接受度就会更高了。

又比如，当你推销一种强化玻璃时，你就应该随身带一块玻璃样品和铁锤，并当着顾客的面用铁锤敲击玻璃，这样顾客一定会在惊讶中升起购买的欲望。当你继续向他推销商品的时候，你就会发现你们之间的谈话是那么易于进行，交易也就很快达成了。

抓住顾客心理，带动销售业绩

从某种意义来说，推销员和销售员就好似演员，扮演好这一角色就会带动商品的销售业绩，反之则将徒劳无功。

某天，一位西装笔挺的中年男士走到玩具摊位前停下，售货小姐立刻迎上去。男士伸手拿起一个声控的玩具飞碟。

"先生，您好，您的小孩多大了？"小姐笑容可掬地问道。

"六岁！"男士说着，把玩具放回原位，眼光又转向其他玩具。

小姐把玩具放到地上，拿起声控器，开始熟练地操纵着，前进、后退、旋转、她一边示范，同时又一边说："小孩子从小玩这种声音控制的玩具，可以培养强烈的领导欲望。"接着把另一个声控器递到男士手里，于是那位男士也开始玩了起来。大约两三分钟之后，展示小姐把玩具关掉。

"这一套多少钱？"顾客问。

"450元！"

"太贵了！算400好了！"

Chapter 1 营销巧思，抓住消费者眼光

"先生！跟令郎的领导才华比起来，这样的价格实在是微不足道！"

展示小姐稍微停顿了一下，又拿出两个崭新的干电池："这样好了，这两节电池免费赠送！"说完便把一个全新未拆封的声控玩具飞碟连同两节电池，一起塞进包装袋后递给男士。

男士一手拿出钱包付钱，说道："不需要试用一下吗？"一边伸出另一只手接过玩具。

"绝对保证质量！"展示小姐送上名片说。

一个出色的推销员或销售员，必须熟悉自己所卖商品的性能、特征、优点和用途，同时还要了解消费对象，用最有效的巧妙语言诱导消费，并给人们留下不容置疑的印象。

"三秒胶"的推销绝技

多年前,一家厂商研发出一种强力胶水,俗称"三秒胶"。那是一种能在短短三秒钟内,将物品牢牢黏住的强力胶水。问世后,老板为如何能让他的新产品迅速为世人接受而绞尽了脑汁,最后,老板终于想出一个绝妙好招。

老板事先在银饰店订制了一枚价值四千五百美元的金币,并且大肆宣扬。当大家对这枚昂贵的金币议论纷纷时,老板又请来一批贵宾和新闻界人士,举行了一次别开生面的"表演":在摄影机的镜头前,老板拿出一瓶"三秒胶",小心翼翼地打开瓶盖,先将胶水涂在金币上,然后轻轻地把金币往墙上一贴。接着对贵宾和围观的人说:"各位先生、女士,大家都知道这枚金币造价四千五百美元,现在已被我用本公司最新发明的三秒胶黏贴在墙上。我现在宣布,如果哪位先生或女士能用手把它给撕下来,那么这枚金币就属于他了!"

老板的话刚说完,大家都兴奋地一拥而上,每个人都跃跃欲试。但最后他们都失败了。而这一切都被摄影机拍下来并通过电视播放出去。

最后,连闻名遐迩的气功大师也来了。只见在录像机

Chapter 1 | 营销巧思,抓住消费者眼光

前,气功大师气沉丹田,缓缓运气,将气凝聚在扣住金币边缘的手指上,猛地"嗨"一声大喊,没想到只见墙壁裂出一道细缝,但金币仍贴在墙上,闪闪发光。

"三秒胶"果然名不虚传,这款强力胶水也因此传出口碑,大家争相抢购,让公司的营业额大增,老板的口袋满满。

自有品牌，省下大笔营销费

大型超级市场和百货量贩店近年开始风行一种"自有品牌商品"的销售手法，例如众所周知的大润发、家乐福、顶好……

所谓"自有品牌商品"是指标有卖场或商店自己品牌标志的商品。

这种做法的优势，首先在于售价，因为自有品牌商品完全是零售端所控制的，通常是有了产品构想之后，再找厂家加工，所以零售业者扣除掉代工厂商的生产费用后，还能省下来品牌和大笔营销费用，因此可将售价订得比同类商品低，因而较其他同类商品享有更高的价格优势。

其次，卖场会特别注重自有品牌商品在商店内的陈列。对于这些出自自家手笔的自有品牌商品，零售业者自然是钟爱有加，因此，有些商店直接把这些商品置于同类商品中，然后很明显的标示出此商品诱人的价格，让顾客通过与旁边同类商品比价，更觉得购买这种商品十分划算。

第三，讲究自有品牌商品的命名。有些卖场或商店就直接用该卖场名称当作自有品牌商品的名称，这种做法不但方便顾客记忆、辨别，更易加深顾客对该类商品的印象。

Chapter 1 | 营销巧思，抓住消费者眼光

有些卖场的主管人员说："我们既然以卖场名称来命名，就表示我们对自有品牌商品的质量有充分的信心。"

至于自有品牌的选择，各卖场与商家也颇费心机。有的卖场每星期都会利用计算机排列出所有商品的销售排行榜，然后从中选出较为畅销的商品来进行开发、生产。为了避免发生自有品牌商品与商店内其他同类商品发生争夺同一消费者的事件，有些卖场或厂商便会选择一些较难与其竞争，或技术层次较高的商品作为自有品牌，如电器、电池、饮料等产品。

此外，一些厂商还在商品的包装、容量、配方上下功夫，力求与众不同或让消费者有更划算的感觉。这种"自有品牌商品"销售法，可说是一种出奇制胜的销售方式与选择。

借活动造势,打出品牌知名度

在30年代初期,外国啤酒垄断了上海市场,山东烟台啤酒厂的啤酒对上海人来说还很陌生。烟台啤酒为打入上海市场特别策划了别具一格的广告战。

他们征得上海某大型游乐园同意后,在上海各大报刊登了这样一则启事:"定于某月某日,某游乐园按正常价格出售门票,凡持门票者进入游乐园后,由烟台啤酒厂赠送印有'烟台啤酒厂'字样的毛巾一条,还可免费畅饮烟台啤酒,饮酒挑战者按酒量多寡,前三名可获得大奖。"

到了举办活动那天,去这家游乐园的游客大增,还造成路上人山人海,交通堵塞的"盛况"。狂热的人们喝掉了五百大箱啤酒(四十八瓶一箱)。第二天,各大报纸都争相报道这次啤酒大赛的盛况。

不久,该厂又出新招,在报上登出一条消息:"订于本月某日,烟台啤酒厂在半淞园内隐藏一瓶烟台啤酒,谁能找到,则可获得啤酒二十箱的奖品。"于是,再度吸引了成千上万的民众参与这活动。

大批的人们参加了山东烟台啤酒厂举办的这两场活

动,参与的人不但拿到大奖——一箱箱的啤酒,也从中感受到了很大的乐趣。而烟台啤酒自然也从此广为人知,提高并获得了极大的知名度。

累积人脉就是累积钱脉

美国有个顶尖汽车销售业务员吉拉德（他是吉尼斯世界纪录认可的世界上最成功的推销员，从1963年至1978年间，总共推销一万三千零一辆的雪佛兰汽车），他从事汽车销售有十多年的时间，每年卖出的新车比任何一家经销商都多。他成功的策略，就是强调其优质、巧妙的服务——尤其是售后服务。

吉拉德说："我是不会让我的顾客在买了车之后感到自己被遗忘了。每个月我都要寄出一万三千张以上的卡片。每当顾客买了我的汽车，在他还没踏出门之前，我的儿子就已经写好'鸣谢惠顾'的短笺了。"以后顾客每个月还会收到一封封用不同大小、格式、颜色信封装的信。

这些信件十分特别，通常在信一开头会写着："我喜欢你！"接着在每年年初会写道："祝你新年快乐，吉拉德敬贺。"二月，他会寄张"美国国父诞辰纪念日快乐"的贺卡给顾客；三月，则是另外一个节日的祝贺……

身为顾客，他们不但因为买到称心如意的汽车而高兴，更欣慰的是，公司经理愿意一直用心与自己保持良好的关系，也因此对吉拉德的信赖感大大提升。所以每当有机会，这些顾客就会向自己的熟人、朋友推荐吉拉德，使他的事业蒸蒸日上。吉拉德的"人缘战"，一次次为他带来更多的客户，帮他获得超凡的业绩。

引人注意的悬赏促销法

开发合成树脂毛毯成功的日本梨化公司,常在市面上发现仿冒品。这些仿冒品对该公司商品的销路构成很大的威胁。为了维护权益,该公司在各大报纸刊出如下广告:"让合成树脂长出柔软而悦目的绒毛,是本公司所开发的新颖产品。这种物美价廉的毛毯人见人爱,然而它是有专利权的,任何人都不允许仿冒。如果您发现有人仿冒,请将该厂商厂名、该厂的地址通知我们,本公司将奖励两百万元奖金给您,绝不食言。"

这项广告虽严肃却不呆板,不仅起到阻止别人仿制的作用,且因两百万元的奖金而掀起了一股空前的讨论热潮,使得知名度不高的合成树脂毛毯,一夜之间竟成为家喻户晓的热门产品,在市场上打下了稳固的基础。

当然,两百万元的奖金最终并未能兑现,公司所承诺的巨额悬赏奖金看似只是个幌子,但这则广告的确遏止了仿冒品的继续出现,并使得梨化公司的产品在日本知名度大幅提升,广受国内消费者欢迎,从而扩大了销售量。梨化公司之后又开拓出国外市场,使产品外销数量也与年俱增。

Chapter 1 | 营销巧思，抓住消费者眼光

　　一个成功的广告，不但为自己赢得了顾客的注意，更因此赚进了大把的钞票。胜败之间往往就只有这么一步之差。

说明产品缺点,让消费者安心

某家生产电暖器设备的公司,其所生产的产品虽然质量优良,但仍能找出一些瑕疵,该公司在不断改进的同时,总是主动把产品的缺点告诉消费者。

如2%的螺旋精度没有达到国际标准、4%的漆面刷得不够均匀、使用了合金材料价格偏高,等等,公司总是提醒客户在购买时要千万认真挑选,以免在登门为顾客更换或维修时,耽误了顾客宝贵的时间。

这家公司毫不隐瞒地把产品缺点告诉消费者,不仅没有影响到产品的销路,反而让销售数字节节上升。

从表面上看来,这好像是企业在自曝其短,但实际上是从另一种角度宣传了自家的产品。这种做法,至少有以下几点好处:

一、企业主是真心把消费者当成朋友,他们明白地告知自己的缺点让消费者知道,表示公司是诚实可信赖的。

二、如此,可以鞭策自己不断提高产品质量,当公司清楚知道自己的不足,以及产品需要改进的地方,才能够尽快改善,不断应用新技术开发新产品。

三、可以更直接地获得来自消费者的意见和建议,有利于改进产品的不足。

　　事实上，任何产品都不是完美无瑕的，都会存在某些可以进步的空间；另外，由于消费者层次和需求不同，也会形成对产品的各种不同需求。为此，把产品的不足告诉消费者，会取得比仅有正面广告更好的效果。也就是说，如果换个角度，站在消费者的立场上，把自己产品的缺点告诉消费者，就会获得意想不到的销售效果。

产品坚固耐用，获得消费者认可

日本 CITIZEN 星辰钟表公司过去每天制造十八万支表，即每秒生产两支，产品远销世界各地，深受人们的喜爱。董事长山崎曾说："80 年代的制表工业最讲求精确和时髦，因此 CITIZEN 星辰钟表公司生产的手表不但款式新颖，而且质量精湛。"

1983 年，日本 CITIZEN 星辰表商在澳大利亚打出一则广告，上面写着："某年某月某日，CITIZEN 星辰钟表公司将从空中向某广场投下手表，请对此感兴趣者届时参观。"

广告发出后，立刻传遍全城。公司预计投下手表的那天，许多抱着看好戏心态的人们会从四面八方涌入广场，来到广场的人不外乎是想凑凑热闹，看看是否能捡到一支完好无缺的表。

当他们看到一支支手表从天而降，落地之后的手表不但完好无损，而且手表精准度丝毫不减，人们都为 CITIZEN 手表过硬的产品质量而赞赏不已。

"高空投表，完好无损"成为人们传颂的佳话。事后，这种质量优良的口碑自然广为流传，CITIZEN 星辰手表也因此声名大噪，很快地就在日本本国和国际市场打开了销路。

提供优质服务,英航重新夺回市场

英国航空公司是英国最大的航空公司,也是历史最悠久、名气最响亮的航空公司之一。它第一次执行民航的任务,是由一架经过改装的 DH4A 单引擎轰炸机所飞行,它的第一批乘客则是两名男士及十几只将成为法国大饭店名菜的松鸡。

目前英航拥有各种型号的客机,定期飞往欧洲、中东、远东、大洋洲、南非、东非、北美和南美等 72 个国家和地区的 148 个航站,航线总长五十四万多千米。在英国国内,英航定期班机飞行本土 16 个城市,每周航班多达一千多架次。

可是,在 20 世纪 80 年代初期,因为在他们的服务词典中没有"顾客"两个字,使得英国航空公司在国际民航业中的名声一落千丈,年亏损金额高达两亿美元,甚至面临破产的危机。

80 年代初,英航国内航线上,在一个多小时的飞行中,是几乎没有任何服务的。有的旅客会问空乘人员为什么没有服务?得到的却是冷冰冰的回答:"对不起!先生,这是国内航线。公司的政策就是这样规定的。"当时,有些旅客就很不满意，抱怨说英航的服务态度比起香港国泰等航空公司来说简直差太远了。

然而到了80年代后期，这种情况却大为改观，英航已渐渐开始让旅客们都有宾至如归的感觉。此时，英航已旧貌换新颜，成为世界上最富声誉的航空公司之一了。

1981年，为了改变英航每况愈下、营收一团糟的局面，当时的英国首相撒切尔夫人力排众议，任命资深的英国工业家约翰·金担任英国航空公司的董事长。约翰·金刚开始上任时，就立即着手改变旧的管理方式，大刀阔斧地采取了一系列改革措施。他首先削减公司员工；紧接着，他斩断了英航与一位老客户之间无用的业务联系，并与一些有作为的公司建立了联系。他采取的另一个重要措施就是在1983年任命了经验丰富的销售专家柯林·马歇尔担任公司的总经理。

马歇尔果然没让撒切尔夫人失望。在他任期的第一年，他大胆解雇了一百多名不懂业务和市场销售知识的高级经理人员。同时，他组织了一个六人小组，专门负责制定让英航转亏为盈的计划。并且为了让旅客对变化的英航有深刻的印象，英航特地重新油漆了飞机，并另行设计了员工的制服和公司徽章，更把公司的口号改为"飞行·服务"。

Chapter 1 | 营销巧思，抓住消费者眼光

1984年，英航又引进了丹麦时代经理公司开创的员工教育计划，名曰"把人放在第一位"，让员工参与到企业的经营管理之中，让员工认识到自己与企业的关系，从而保证服务质量，提高竞争力。1987年，英国航空公司更实行民营化，有94%的员工购买了公司的股票。

由于采取了上述措施，员工的工作态度和服务积极性有了脱胎换骨的变化，也为英航的"再生"奠定了基础。

敢于投资巨额资本，不断改善服务质量，推出体贴服务等新招，是英航后来咸鱼翻身的另一个诀窍。

1995年，英航又宣布将于同年10月开始，在部分飞机上增设卧铺服务，使这种"古老"的飞机服务项目重新复活。这种新式卧铺服务为旅客开设一个单间，并配有折叠躺椅、小椅子、折叠桌、平面电视等，非常舒适。

在20世纪的三四十年代，许多飞机上都设有卧铺，因为当时飞机速度较慢、飞行时间长，从英国飞往澳大利亚需要四天时间。但自从喷射型飞机问世以来，由于飞行时间大幅缩短，这项服务曾一度消失。多年后的今天，随着经济和科技的发展，越来越多的旅客在飞机上使用笔记本电脑等现代办公用具随时工作，他们因此需要更舒适的环境，以便一下飞机就有充沛的精力投入工作。为了方便这些旅客，英航周到地重新开设了卧铺服务。

除上所述之外,英航更十分注重信誉。1988年,英航一架大型客机虽仅仅只搭载一名旅客,依旧决定照常起飞,一时成为国际民航史上的美谈。

对英国航空公司这样一个传统公司来说,由于他们经历过因疏忽服务而导致的经济与名誉损失,迫使他们明白了服务对于航空公司的重要意义,在痛定思痛之后,从而改善并提高服务水平,因此赢得了良好的声誉与利益。

"仅搭载一名旅客"的宣传,再次为英国航空公司能提供如此周到、独特的优质服务打响了名号,这也不啻为一个最佳的宣传利器。

Chapter 1 | 营销巧思,抓住消费者眼光

质量取胜,不打价格战

有间连锁眼镜行过去一直垄断该区的眼镜销售市场。当这家连锁眼镜行还在沾沾自喜自己的独门生意时,它的周围先后冒出了不少家新的眼镜店和路边摊。那些商家所卖的眼镜价格低廉,还打出了"配镜迅速、立等取货"的促销口号,于是,他们靠着嘴甜、低价等优势,抢到了不少顾客,使得这间连锁眼镜行的生意大受影响。

一向以当地龙头自居的连锁眼镜行,面对这样的情况,冷静地分析了市场趋势,并根据自己的优势,制订了"扬长避短、强化服务"的战略。新的眼镜行和地摊的优势虽然是定价灵活、进退自如,但他们却缺乏专业的技术,没有专业的验光师和配镜技师,也无法提供良好的售后服务。针对这些情况,连锁眼镜行制订和实施了如下的策略:他们缩减了低档眼镜的销售量,以避开对手弹性的低价优势;增强了中、高档眼镜的样式与种类。

由于一般顾客不大懂得配镜技术的优劣对眼睛有何影响,他们便在报纸上、电视上展开了宣传攻势。一是宣传配镜的基本知识,使顾客了解到配镜不适将会对眼睛造成伤害;二是宣传该连锁眼镜行的信誉及能提供最优质的服

务的承诺。

广告宣传中也打出连锁眼镜行将提供"眼镜百日服务"的活动。活动期间儿童配镜减价一半,还有免费验光服务,并聘请三位眼科专家全天候诊,为儿童提供免费配镜咨询,保证能为儿童配上最适合适当的眼镜。

此外,他们还专门购置了五辆摩托车,就只为了把儿童配好的眼镜亲自送至家门或学校,大大方便了顾客。这一连串的措施与服务,都安排得非常贴心和周全,一环紧扣着一环,让顾客在不知不觉中被吸引住。

另外,伴随着知名度的扩大和销售量的提高,更培养了一批未来的顾客,即那些配镜的儿童。于是,该连锁眼镜行的销售量与龙头地位,在这样的努力下又逐渐恢复了。

 Chapter 1 | 营销巧思，抓住消费者眼光

"无限期维修"，打响企业名号

家用电器结构精密复杂，商店在出售家电产品时，通常都会提供一个质保期限。这并不以足为奇，但如果有人告诉你有间商店的质保没有时间限制，你一定会在惊喜之余，毫不犹豫地选择这家商店去购买。

瑞典的卡隆门商店正是这样一家商店。

卡隆门公司是一家以经营家用电器为主的公司，规模虽不十分庞大，但营业额却是相当可观。追究原因，正是它那"无限期维修"的营销策略奏效。多年来，只要是卡隆门公司出售的商品，只要不到报废的程度，就保证永久负责免费修理。光是这一点，就深深赢得消费者的心，树立了卡隆门公司值得信赖的形象。

某一天，有位妇女手持一个多年前在该公司购买的电熨斗来到修理部，要求修理，这个电熨斗在很快的时间内就修好了，这位妇女高高兴兴地回家了。三个月后，这位妇女的电熨斗又坏了，不过这次她已不想再修了，打算买个新的，当她想到卡隆门信守"无限期维修"的诺言时，便决定要再去那里买一只新的电熨斗。

有位先生从卡隆门公司购置了一套家电设备，因为使

用不当出了毛病，本来应该送去修理，又怕拆装过程会损坏设备零件。最后，卡隆门公司派人上门修理，往返多次，从不厌烦。在一次修理过程中，维修人员偶然发现这位顾客家附近就有一家电器商店，觉得非常奇怪，就问他为什么不从这里购买，何必舍近求远跑到卡隆门公司购买，这位先生回答说，因为你们是"无限期保修"啊！

"无限期维修"使卡隆门公司获得了顾客的信赖，名声也越来越大，这个特殊的营销方式，让其销售量持续增加。

apter 2
用对营销手法,创造财源

高明的推销术,并不是一直向对方鼓吹自己的商品有多么好。而是不妨站在对方的立场,倾听对方的心声,得到顾客的信赖,如此就不必担心自己的商品不被欣赏与接受了。

细分消费对象，明确出击

森永制果公司和明治制果公司是日本两家最大的糖果公司，他们以前生产的巧克力，全部是以儿童为销售对象的。

为了开拓新的市场，扩大销售范围，森永制果公司后来推出以成年人为对象的"高三冠"大块巧克力片，每块售价为70日元。

随后，明治公司也先后推出了以"阿尔法"为品牌的两种大块巧克力片，定价分别为60日元和40日元。然而，该公司采用的促销手段十分巧妙，他们先针对顾客不同的年龄层，制定出不同价格和不同口味与浓度的巧克力，同时细分了三个市场：销售对象为十二三岁的初中生的巧克力，每块售价为40日元；销售对象为十七八岁的高中生的巧克力，每块售价为60日元；销售对象为成年人的巧克力，则以精美的盒子包装，便于馈赠之用，每盒售价为100日元。

就这样，在激烈的市场竞争中，明治制果公司采用区分消费对象的方法占了上风，击败了森永制果公司。

Chapter 2 用对营销手法,创造财源

 销售四部曲,挑动消费者的心

美国乳品大王斯图·伦纳德成功地经营着世界上最大的乳品超级市场。由于乳制品时效性很强,伦纳德采购、运输货物从不通过中间商,而由商店自行采购运送,当货物一到达,就立刻上架,因此库存积压很少,乳品也能常保新鲜。

由于该店出售的商品既新鲜,种类又丰富,所以顾客盈门,上架货物很快就可销售一空,从而加速了资金周转,生意因此越做越好。每星期平均会有十万人光顾市场,一周可卖出七万五千个面包,一年销售一百五十万个蛋卷冰淇淋、两万两千吨各种家禽肉制品,年销售总额达一亿美元。如此高的销售额和销售量,在世界食品行业中可说首屈一指。

也许有人要问,伦纳德怎么能保证上架的产品全都能在短时间内卖出呢?乳品大王说:"创造能刺激顾客购买欲望的环境,是我成功销售的秘诀。"但这种环境是怎样创造出来的呢?

于是伦纳德说出了他所创造的著名"四部曲"销售法:

第一步,伦纳德先别出心裁地在超级市场门口放上一

头乳牛,并将乳牛打扮得漂漂亮亮,不时向顾客摇头摆尾,好似向顾客表示欢迎。这个醒目的活招牌,除了吸引顾客上门,还让他们直接从门口的乳牛,想到门市里贩售的各种乳制品。

第二步,走进市场大门,映入眼帘的是耸立在前厅一头活灵活现的塑胶制乳牛,乳牛旁边还站着一位哼着民谣的牧牛机器人。顾客仿佛置身于牛羊成群的牧场中,对乳制品产生了强烈的兴趣,希望从乳品中得到一种快乐享受。

第三步,穿过前厅走入售货大厅里,还有两只活泼可爱的机器狗,每隔六分钟唱一首"什么什么真好吃"、"好吃不过乳制品"的逗趣歌曲,使顾客在每一步都得到不同的感受,购买欲望被一步步给诱发出来。

第四步,当顾客在各式各样的商品间穿梭时,扑鼻而来的是烤面包的阵阵清香及奶香,令人馋涎欲滴。在这样的环境中,即使原本无心购买的顾客也会产生购买欲望,并将之转化为真正的购买行动,将钞票送入生意人的荷包之中。

Chapter 2 | 用对营销手法，创造财源

做对市场区分，行情看涨

中国举世闻名的八大名酒之一"状元红"是已有三百年历史的名酒，采古法酿造，不但营销全国，还远销国际市场。1981年，"状元红"以古老名酒之姿，企图再度打入上海市场。但这次"状元红"并没有一举成功，不但没有再创辉煌，反而一度成了滞销品。

于是，该酒厂与"状元红"上海总代理一起认真研究问题所在，并走访调查了几间店家。听店老板分析，青年是上海酒类的最主要消费者，他们购买酒的目的通常有两个：第一是送礼，初次到男女朋友家，总要带上几瓶好酒孝敬长辈。第二是为了装饰，布置新房或送好友乔迁之礼时，通常可能会在家中客厅的玻璃柜里放上几瓶名酒，来显示主人的风格与气质。而这之中，又以价位在中档的酒类最为畅销。

根据以上的调查资料，酒厂决定以青年消费者为目标市场；以"礼品酒"、"装饰酒"为主要销售产品，并把这些酒类的定价策略调在中档价格。

没过多久，酒厂又在各大报纸上连续刊登文章，对"状元红"详加介绍。几天之后，人们争相购买、销量大增，"状

43

元红"终于在上海市场走俏。

　　此例说明,市场营销的前期调查是非常重要的,它可以收集到消费者的心态、反应,获得最新的商品讯息,以便准确地订定出营销策略。

　　另外,还必须研究市场区隔战略。所谓市场区分,是以消费者需求为立足点,依据消费者购买行为的差异性,划分出不同的消费者群体。

Chapter 2 | 用对营销手法，创造财源

 运用定价策略，商品多元发展

20世纪80年代中期，随着我国经济的发展，市场逐步开放，物价也有所上涨。银川火柴厂迫于激烈的竞争形势和成本的提高，不得不将每盒火柴的定价提高1元。也就是说，从以前的一盒卖2元，调到一盒卖3元。虽然只涨价了1元，但消费者却非常敏感，对银川火柴厂的做法感到非常不满。

因为顾客认为火柴是日常生活必需的消费品，更何况一盒卖2元的价格已经实行了几十年，谁也不愿价格出现变化。

正当群众意见纷纷时，其他火柴厂又向市场推出一种小盒装的火柴，一盒售价2元，虽然容量少些，但由于其价格未变，所以消费者宁可购买2元的小盒装火柴，也不愿花3元买容量较多些的大盒火柴。在这次涨价行动中，银川火柴厂只得自认失败。

又过了几年，随着木材价格上涨，火柴的成本也跟着上涨，于是一盒卖3元的火柴已经不敷成本，银川火柴厂又遇到不得不将火柴价格调高的困境。但是鉴于上一次的失败经验，这次银川火柴厂学到了教训，他们想出了一个

巧妙的办法。

这次银川火柴厂同时推出四种规格、四种价格的火柴：第一种是小盒装的，仍然沿用3元的价格；第二种是中盒装的，价格稍高，5元一盒；第三种是大盒精装的，售价是8元；还有一种是超大盒精装，售价是15元。这次的涨价行动，比上一次的涨幅高了许多，但相反的，消费者的情绪并未有太大的反弹。不但市场稳定，销售额也增加了不少。

银川火柴厂以多种规格、多种价格替代原来的单一规格、单一价格，这个聪明的方法，不但让厂商暗中提高了价格，稳定了消费者的反弹情绪，并且扩大了市场范围，提高了经济效益。

Chapter 2 | 用对营销手法,创造财源

 取经西方,小肥羊火锅超越麦当劳

来自内蒙古的小肥羊火锅短短六年之间,连锁加盟店面超过七百家,年营业额高达四十三亿人民币,成为在大陆唯一超越麦当劳的经营中式连锁餐饮的民营企业。

1998年初,经常利用出差之便尝遍各地美味的张钢,发现一家极具特色的火锅店,老板将涮羊肉直接放进调好味的一锅汤里,完全不用蘸料,味道仍十分鲜美,这触动了他的商业灵感:"这种吃法若配上咱们内蒙古的小羔羊,岂不更具商业价值。"

张钢毫不犹豫,当下掏钱买断了这具有四十多种材料的配方,并立即奔回包头请了中医师与五六位厨师,对配方进行改良实验,并请朋友前来品尝论断,费时整整一年,终于熬制出集六十多味中药材的独特汤头。

小肥羊没有养过一只羊,但却懂得与放牧人家打交道,通过合约收购机制,成为左右草原羊肉价格的一股力量,欲仿效品牌者因缺乏完整货源供给纷纷失败。

小肥羊真正迅速扩张,以秋风扫落叶般的态势在全中国发展,是从2001年开始的,张钢不讳言地说:"百胜

集团（拥有肯德基与必胜客品牌）的连锁经营模式替小肥羊的迅速扩张铺平了道路。"于是，借由内蒙古资源加上全球连锁经营的观念和方法，小肥羊终以王者之尊于大陆餐饮界崭露头角。

2009年底，小肥羊的营业额与店数均击败了中国麦当劳，仅次于肯德基，位居中国连锁餐饮百强的第二名，中式连锁餐饮打败西方巨鳄，这在中国还是头一遭。

"快速成长当然也带来了恶果，小肥羊在2003年就发觉苗头不对！"原来不少加盟者为赚取更大利润，转而以低廉肉品及原材料取代小肥羊的配送原品，导致不少市场纠纷案例出现。学到了西方连锁加盟技术，却没看清本质精髓的小肥羊，初遇危机四伏的窘境。"中国加盟者的素质不高，只会坏了这块招牌。"董事长张钢并未沉沦于大量收取加盟金的愉悦里，而是意识到维系品牌的重要性，于是大刀阔斧地全面调整战略，从2003年年底停止加盟，不再以加盟数量取胜，而是更专注品牌信誉。

虽然位于内蒙古的小肥羊总部，如今还是有接不完的加盟电话，但张钢均不为所动，对于合约到期又做不好的加盟者，一律收回改为直营，并坚定地将上海、北京、西安、深圳、天津，定为直营的五大战略城市。除此之外，

Chapter 2 用对营销手法,创造财源

除中国大陆,其经营范围已经延伸到澳门地区、香港地区,以及美国、加拿大及日本,开设分店七百多间,跻身中国最有价值的五百品牌之列。

免费留影，招揽游客上门

某次，张老板和友人一起到日本有名的鸣门大桥游览。无奈天公不作美，细雨连绵，张老板等人一边在小店铺前避雨，一边观赏着秀丽的水岸景色。

忽然有人发现了小店铺前有两位身着日本和服的男女，仔细一看，才知是人偶塑像，头部是镂空的，旅客人可以把头伸进去照相。

远道而来的他们，正因为不知道照一次相要收多少钱而犹豫时，店主人走过来。热情地说，这里的塑像布景是属于他们店里的，欢迎客人拍照，不收取任何费用。

于是，张老板等人高高兴兴地在鸣门大桥游览时，仿佛穿着和服一般留了影。这时，只见店主人手端一个茶盘，热情地邀请几位来客尝尝当地的特产——纯金茶，同时，他还详细地介绍起纯金茶来。

由于主人热情待客，再加上茶叶价格合理，临走时张老板一行几人每人都买了一盒纯金茶，准备回去当作礼物送给亲朋好友。他们这时才恍然大悟：原来免费拍照及品茶都是该店推销产品的营销手法啊。

Chapter 2　用对营销手法，创造财源

 换个说法，赢得顾客信赖

有位住在美国费城名叫勒佛的人，几年来一直想向当地一家规模颇大的连锁商店推销煤炭，可是对方却偏偏不向他订购，宁愿从距离很远的郊区工厂买进煤炭。

当满载着煤炭的卡车经过勒佛的公司门前，朝那家连锁商店驶进时，勒佛的肺都要气炸了，心理恨着自己无能。虽然他又气又恼，但却一直从未打消向那家连锁商店推销煤炭的念头。

有一天，他决定改变以往的做法。他再次走进那家连锁商店，并对负责人说："今天，我来这儿并不是向您推销煤炭，而是想拜托您一件事。我们公司的讲习会出了个题目：'连锁商店的普遍化对国家是否有害？'要就此议题进行辩论。我想请教您有关连锁商店相关的问题，希望能在辩论中驳倒其他部门的同事。除了请教您之外，我想不出比您更合适的人选了，所以专程来向您讨教。我想您一定肯帮这个忙。"

结果，这位连锁商店的负责人和勒佛谈了将近两个小时，从如何开始经营连锁商店说起，一直谈到目前的经营状况，并且一再强调连锁商店对人们的生活有多少重大的

贡献，对他自己的工作也充满了信心。勒佛不但对连锁商店有了新的全面认识，也改变了以往自己的偏见。他们原本约定只讨论几分钟，结果大大超过预期的时间，当然，效果也好得出奇。

谈话结束，当勒佛起身告辞时，这位负责人一只手搭在他的肩上，笑容满面地送勒佛到门口，还一边说要为他祈祷，祝他在辩论中赢得胜利。最后又叮嘱说一定要把辩论的结果告诉他。

当勒佛正要离开时，他又在勒佛身后说了一句："明年初，你再来找我，我想向你买煤炭。"

这奇怪吗？不，这简直是一个奇迹。

勒佛先生并没有向他推销煤炭，可他却主动要求向勒佛购买煤炭。这之前勒佛花了数年的心血，用尽了各种推销术，一直是徒劳无功。没想到，这次勒佛只不过对这位负责人所关心的问题，也产生同样的关心，结果只花了不到两小时的时间，却办成了他几年来都未能办成的事情。

可见高明的推销术，并不是一直向对方鼓吹自己的商品有多么好，而是不妨站在对方的立场，倾听对方的心声，得到顾客的信赖，如此就不必担心自己的商品不被欣赏与接受了。

Chapter 2 | 用对营销手法,创造财源

 曲线进攻,换来最后胜利

曾经有一位销售轮胎的业务经理,得知一家公司急需自己所代理销售的轮胎款式,于是想要专程去拜访这家公司的老板,但老板听到一些对手放出的风声,认为他很狡猾,因此不愿见他。

就这样吃了几次闭门羹之后,这位业务经理也有点泄气了。在一次偶然的机会里,听到这家公司的员工提到,老板的儿子很喜欢集邮,老板在帮小儿子集邮的过程中也渐渐养成了这个嗜好。

得知这个消息,这位业务经理立刻精神大振,急忙通过朋友找到好几枚十分具有纪念意义的邮票,并打电话告诉这家公司的老板,邀请他一起鉴赏。老板一听,马上就答应了他的邀约。

二人在邮票话题方面谈得很投机,后来这位业务经理又把话锋转回业务上来,老板二话不说,第二天就让他到公司来签订购的合约。对邮票的爱好,竟然真的发挥了促销的作用,真是让这位业务经理做梦都没想到。

其实,这就是曲线进攻带来的成效。当对一个目标的直接进攻失败时,不妨退一步想一想,不要执着在一条路

上,或撞倒在一面墙上,应该想个更好的办法绕道而行。

在你追求成功的过程中,当某一位关键人物成为你达到目标的阻碍,而你无法说服他时,不妨动动脑筋,可以从他身边的人或喜爱的事物、兴趣着手,让他在顺其自然、毫无警觉的情况下接受你的观点,并最终与你签订合约。

Chapter 2 | 用对营销手法,创造财源

 "衬托销售"策略,与名牌并驾齐驱

当开发出一种新产品,却无力挤入已被同类产品垄断的市场时,那怎么办呢?该怎样让顾客认识你的产品,体会它的"新"和"好"呢?如果连让消费者知道新产品的机会都没有,之前的努力创新也将付诸东流了。

在各种营销方式中,有一种"衬托销售法",是利用别家公司同类产品的影响和知名度,让自己的产品有机会进入顾客的视线,并引起他们尝试一下的欲望。既然尝试了,新产品就等于有了机会,不愁打不开销路了,最起码是争取到最难得的第一步。

日本Unicharm娇联公司的创办人高原庆一郎原是日本爱媛县一家特殊纸制品公司的职员,1974年,他注意到百货店里妇女专用的卫生用品需求量非常大。在当时的日本国内市场和国际市场上,一种名叫安妮的卫生系列用品十分畅销,高原庆一郎觉得这个行业是很有发展前途的。

当时,安妮几乎成为卫生棉的代名词。"安妮的日子"就是指月经来潮的日子;"我要安妮"就是指"我要买卫生棉",这是每一位女性的共同语言。

安妮的广告宣传十分成功,它巧妙地抓住了女性的羞

怯心理，将"商标名表示商品"的做法做到了极致的境界。它能在眼花缭乱的妇女卫生用品中一枝独秀，除了它的质量佳之外，还有不可忽视的广告作用。

高原庆一郎决心打破安妮的垄断地位。他并没有在安妮的畅销和其在妇女消费族群中已形成的优势局面前退缩。他想，凭什么要让安妮独占市场呢？我如果能开发出一种质量比安妮更好的卫生棉，那一定也可以争夺到一部分市场。

高原庆一郎曾在特殊纸制品公司工作多年，是棉纸制品的行家老手。经过对安妮产品的仔细研究分析，他发现它并非十全十美，在柔软度和吸水性方面还有待改进，高原庆一郎相信自己完全有能力做得更好。经过他反复试验，最后果然研发出一种比安妮更柔软、更能充分吸收水分的卫生棉。

新产品开发出来了，最后一个阶段就是要怎样才能把它推向市场，让广大的女性同胞知道它、接受它？这并不是一件简单的事。高原庆一郎意识到，还需要有效的促销手段。但自己资金微薄，不可能像实力雄厚，并已成为名牌的安妮那样不惜成本地大做广告。

他决定在包装上好好下功夫。他使用了乙烯树脂薄膜作为包装材料，这种材料密封性能更好。他又请包装设计

Chapter 2 用对营销手法，创造财源

专家为产品设计了精美的图案印在外包装上，使它看起来比安妮更美观、更卫生。

同时，高原庆一郎在营销策略方面别出心裁，煞费苦心地想出了一种"衬托法"，就是把自己的卫生用品送到销售安妮的商店去，请求商店容许它与安妮并排摆放在一起，不动声色地利用了陈列安妮的醒目位置。这样一来，Unicharm 的产品在柜台上可以同时和安妮一样让消费者一眼就看得到。

高原庆一郎的衬托法销售策略收到了意想不到的效果。妇女到商店看见 Unicharm 的卫生用品同安妮并列摆放，明白它也是一种卫生棉，而且被它精美的包装所吸引。于是禁不住地拿来和安妮比较看看。出于一种对新品牌的好奇心理，女士们纷纷购买 Unicharm 的商品试用。经使用后，发现它质量上比安妮更好，价格却并不高。于是之后便转为购买 Unicharm 的卫生棉了。

就这样，Unicharm 公司出品的妇女卫生用品自从 1974 年推出后，销量逐渐上升。高原庆一郎又不断地改善自己的产品，使他们的女性卫生棉成为了名牌卫生用品，市场占有率远远超过了安妮。高原庆一郎这一招"衬托销售法"巧妙地利用同类名牌产品的知名度，衬托出自己产品的形象，收到了奇效。

巧用"美人计",扇动消费者的心

电视广告中有"3B"的说法,几乎都脱离不了"美"这个框框,总是大打美的形象牌,这包括了三大要素:Baby(婴儿)、Beauty(美女)及Beast(动物),其中"美女"一项,最让人难以忽略。于是厂商总是砸下大笔经费,请来当红的美丽明星或是模特儿,为自己的产品代言,以吸引更多消费者的目光。

除了正统的"美人计"用法之外,还衍生了一些"变种美人计"。

对于以男性消费者为主要销售对象的产品,如香烟、白酒,业者打出"美人计"的主要目的就在于吸引男性的好奇心。而以女性消费者为主要对象的产品,如化妆品、卫生棉,就不能采用这种手法了,否则会吃力不讨好。对于她们,要以高雅的方式来打动,引导其需求。

三四十年前,台湾民风淳朴且保守,那时人们对"胸罩"一词都讳莫如深,不好意思在大庭广众之下主动提起,而德国"黛安芬"胸罩竟然在此环境下,大胆"空降"台湾,形成对当地风俗的一次大挑战。

在那个纯真的年代里,不论是名门闺秀,还是小家碧

Chapter 2 用对营销手法，创造财源

玉，要买一件"令人害羞"的"内衣"（其实是胸罩，由此可见当时消费者对此极为害羞，甚至是觉得此事难以启齿的心理状态），一般要由妈妈陪着，"偷偷"到老师傅那儿量身。但"胆大包天"的黛安芬竟致函社会上的士绅名媛，他们要在圆山大饭店举办内衣时装表演。表演当天，他们请来身材姣好的美丽女模特儿走秀，展示黛安芬品牌最新款的内衣。会后不久，一向被认为"不太好意思提及"的"内衣"，竟成了众所追逐的时髦象征。

随着黛安芬的大举促销活动，黛安芬一时成为最火的话题。甚至每个少女都以穿上"黛安芬"为荣，从此女性胸罩在台湾不再神秘，"黛安芬"胸罩因此成为女性时髦、俏丽、独立自主的代表，这也为"黛安芬"胸罩带来庞大的商机。

对于女性来说，"美人计"也不是不可用。用得好，效果同样十分明显。渴望有张年轻漂亮、白嫩光洁的面孔，可以说是每个人的心愿，特别是爱美之心强烈的女性。当原本年轻的面孔因为岁月而变得松弛、干燥、毛孔粗大，或长出皱纹、斑点之时，女性最大的梦想就是能改变皮肤状态，重现旧日的美丽容颜。

针对爱美的女性，欧莱雅、雅诗兰黛、SK-Ⅱ等世界知名的化妆保养品牌，无不请来国际顶尖美女担任广告代

言，告诉消费者她们原本粗糙的皮肤因为使用这些品牌的保养品变得柔滑白皙、晶莹剔透，从而吸引大批消费者趋之若鹜，这招就是消费者最难抗拒的"美人计"。先找来美女做广告，再告诉消费者使用产品之后，将变得和广告美女一样娇艳动人，因此大受消费者青睐。这个营销高招总是能让这些化妆品公司轻轻松松获得高额的利润。

Chapter 3
创意经营，处处是商机

　　随着企业竞争的激烈，市场预测与掌握就显得更加重要。企业需要不断紧盯着市场，因为市场的波动正反映了消费者需求的变化，企业的一切生产经营活动都必须围绕着消费者进行。所以，营销活动必须更准确、更实时，才能让意欲达成的营销效益转化为经济效益。

营销奥运,逆势转亏为盈

主办奥运会犹如一把双刃剑,它可以提高主办国的声誉,但经费开支巨大,一不留意就可能亏损严重。例如联邦德国慕尼黑举办的第二十届奥运会,加拿大蒙特利尔举办的第二十一届奥运会、苏联莫斯科举办的第二十二届奥运会,都令主办单位负债累累,因此令原定1984年举办第二十三届奥运会美国洛杉矶战战兢兢,洛杉矶市议会甚至决议,拒绝承办此届奥运会,这届奥运会面临可能夭折的厄运。

在这个危急关头,美国著名企业家尤伯罗斯出马了,他毅然接受下洛杉矶奥运会主办人的重任。人们都为他捏一把冷汗,但他自己却胸有成竹,在组织奥运会的过程中,独具慧眼、另辟蹊径、运筹帷幄、步步为营,抓住一个又一个的机会,使奥运会扭亏为盈,创造了举世瞩目的奇迹。

首先第一步,尤伯罗斯卖掉自己的公司,全力以赴地投入筹办奥运会的工作,下了破釜沉舟、背水一战的决心。第二步,他明确表示,本届奥运会完全"商业"挂帅,不要政府花一毛钱,完全由奥运会主办单位来筹措资金、自负盈亏,这就使奥运筹备委员会独立于美国各级政府,成

Chapter 3 创意经营，处处是商机

为"私人公司"，这种做法震惊世界。第三步，组织工作团队，把出类拔萃的人物都召集到他的身边，被誉为"管理天才"的尤伯罗斯的工作伙伴阿施尔，被调来担任筹备委员会副主席。最关键的是第四步，就是四方出击，大力筹资，尤伯罗斯不愧是经商奇才，他筹资也有高招。

第一招，高价出售电视转播专利。蒙特利尔和莫斯科两届奥运会出售转播权索价太低，分别只有3400万美元和9000万美元。尤伯罗斯经过精算，知道电视台转播奥运的收入颇丰，便把电视独家转播权定价在2.25亿美元，并让美国两家最大的广播公司即美国广播公司ABC和全国广播公司NBC去竞争。ABC公司请了几十位经济专家经过仔细计算，认为有利可图，于是抢在NBC之前买下了电视独家转播权。

第二招，限额高价赞助。历届奥运会也都有赞助，但收到的效益都不大。1980年纽约冬季奥运会赞助单位多达381个，但是因为每家赞助的金额不多，一共才收到900万美元赞助费。赞助厂商过多的结果，反倒让厂商的能见度都不高，并没有起到宣传的作用。尤伯罗斯一改旧例，把目光转向各大公司。筹备委员会规定该届奥运会正式赞助单位以30家为限，每个行业中只接受一家，每家厂商赞助金底线为400万美元，赞助者可取得本届奥运会上某

项商品的专门供应权。这种方法成全了各个行业中领头公司希望拔得头筹的心态，各厂商纷纷掏出巨资抢购赞助权。仅此一项又筹集到3.85亿美元的巨款。

在动员各大公司赞助的过程中，尤伯罗斯巧妙地施展了他的推销术，让大公司们相互竞争。比如在吸引饮料公司赞助时，他分别游说"可口可乐"和"百事可乐"两大公司，互相喊出高价，结果可口可乐公司以1260万美元获得了奥运会饮料的供应权，成为洛杉矶奥运会砸下最多赞助费的公司。

又如在吸引相机底片公司赞助时，他让美国柯达公司和日本富士公司竞争。起初，柯达公司大摆架子，迟迟不肯赞助，并扬言不会有任何底片公司愿出400万美元赞助费，却没有想到富士公司愿以700万美元拿下底片的独家供应权。这时柯达悔之晚矣，失去底片供应权，便只得向电视广告打主意，最后柯达公司花了1000万美元买下ABC公司在奥运会期间全部的底片类广告时间，以封锁日本富士公司在奥运会期间的电视广告。

第三招，收取火炬传递费。奥运会火炬在希腊奥林匹亚村点燃传到纽约后，要绕行美国32个州和哥伦比亚特区，途经41个城市和近千个市镇，全程一万五千公里，最后到达洛杉矶。尤伯罗斯看准了这也是个筹资的好机会，决定在火炬接力中，规划出路线中的一万公里，号召民众付费参与，火炬接力者每跑 1 公里费用为 3000 美元。能举着奥运会火炬跑一程，是人生难得的机会，虽然代价很高，但响应者仍络绎不绝，这项措施又为奥运会筹募到 3000 万美元资金。

第四招，尤伯罗斯通过预订"赞助人最佳座位"，出售"纪念币"、"纪念品"等办法筹措资金。资金筹集到手后，尤伯罗斯实施精打细算的支出策略，该花钱的地方毫不吝啬，如开幕式和闭幕式、新闻媒体所需的现代通信设备和对记者的免费招待，都投入巨资；而能省钱的地方，一分钱也不乱花。在尤伯罗斯及其帮手的努力下，洛杉矶奥运会不仅没有亏损和负债，反而盈余 2 亿美元，获得了巨大的成功。

此次奥运会之所以如此成功，扭转了一直以来的亏损局面，最高明的招数即是向世界一流的企业募集赞助金，利用这些一流企业想要独占奥运这个难能可贵的营销与曝光机会，而为奥运会赚进了大把的钞票，堪称是史上最成功的双赢营销手法！

看准消费群体的魔法营销术

艾科卡是一位在美国福特汽车创下非凡业绩的天才型人物。他在普林斯顿研究所拿到工程硕士学位后,就成为福特汽车公司的低阶业务员。随着能力及职位的提升,他在福特分店组织了一批富有创造力的精兵强将,每周聚餐一次,通过对业务人员及市场调查人员收集、反馈回来的各种数据及顾客对洗车新功能的需求的汇总,探讨研制新型车的方向。

艾科卡集思广益,最终得出了结论:今后十年,汽车的销量会呈现上升的趋势,并且年轻车主的购买力将占涨幅的一半。汽车款式新、性能好、价格便宜,将是吸引新车主的三大特点。因此,他决定加紧研制具有吸引这些族群的新款车型,准备在1964年的纽约世界博览会开幕式上一显身手。

首先,艾科卡在设计师之间举行了一次竞赛,这是福特公司史无前例的公开竞赛,设计室主任的助手戴夫设计的车型被选中,整个车型像一匹奔腾向前的野马。艾科卡决定把车定名为"野马"。经过紧张奋战,野马跑车生产出来了。艾科卡进行周密策划,他要让"野马"真正奔腾在辽阔的汽车市场上。他请来了不同层次、不同年龄的五十多对夫妇参观并且试驾野马跑车。他发现参观者都很中意野马的车型，一些蓝领工人甚至把野马当作身份和地位的象征。当艾科卡宣布野马标价时，参观者无不感到惊讶——售价大大低于他们心里的估价，他们都表示看好野马，并且都想拥有一部这样的车。

其二，艾科卡大搞宣传战，掀起全国媒体对"野马"跑车的宣传热潮。他举办"野马跑车大赛"，从纽约到迪尔伯恩，"野马"飞驶急奔，安全快速地跑完全程，赢得新闻界一片盛赞之辞。

艾科卡还邀请各大报纸的编辑，借给他们每人一部野马跑车，请他们试驾后对这款跑车给予评价，以掀起"野马"的宣传声势。艾科尔还将新款车型在全美的十五个飞机场展览；同时还在全国两百多家酒店的厅堂都陈列着这款跑车；在橄榄球比赛会场，也能看到巨大的野马跑车的广告宣传牌。

这款野马跑车在这样的造势下，果然轰动全国。全国各地的福特经销店顾客盈门，一些样车也被急于购车的顾客高价买走。上市一周，光顾福特经销商的购车者与参观民众超过四百万人，这是前所未有的情景。一年后，野马跑车共销售出约四十二万部之多，艾科卡创下了公司售车的一个纪录。野马车也为福特公司创造了数十亿美元的利润。

野马跑车的成功证明了艾科卡的推销能力和杰出的研制开发组织能力。艾科卡被升为公司客车与卡车集团的副总裁,身居要职,其之后领导并组织实施的其他几款汽车的销售也同样获得了成功,为福特公司赚取了数十亿美元的利润。

Chapter 3 | 创意经营,处处是商机

 先赔再赚的高明揽客法

日本著名的阪急电铁、东电公司、东宝公司的董事长小林一三,做生意的气魄不凡,并且还有许多的绝招。

年轻时,小林一三在大阪市创办阪急百货。按照当时的经营模式,生意人都喜欢垄断经营,生怕别家店铺抢了自己的生意。但小林一三却将市内一家知名的咖喱餐厅招揽进自己新建的"阪急百货"来经营,并请他们把咖喱饭的售价降低四成,而这四成的差价再由小林一三出资补偿。

这不是摆明赔本的买卖吗?百货公司的董事和员工们大为着急,认为小林老板一定是一时迷糊,因此纷纷起来反对,请求老板撤销决定。小林一三手一挥,笑眯眯地说:"你们不必着急,就等着看好戏吧!"

果然,当咖喱餐厅一开张,因为咖喱饭卖得便宜,很快就引起了大阪市民的热情光顾,消息传得沸沸扬扬:"阪急百货里有好吃的咖喱饭,不仅味道美,价钱还差不多便宜了一半呢!快去尝尝吧!"于是,顾客冲着这份既好吃又便宜的咖喱饭从四面八方蜂拥而来,百货公司里每天挤得人山人海,热闹至极。

小林一三的百货公司生意自然也跟着水涨船高,营业

额一下子增加了6倍，相比之下，他补给咖喱饭的那一点差价就显得微不足道了。小林一三乍看之下是做了赔本生意，实际上是用了往自己口袋里装钱的营销高招。

Chapter 3 | 创意经营,处处是商机

创新才是企业永葆活力的方法

欧莱雅(LOREAL)早期只是法国一家生产护发剂和化妆品的公司,如今已成为世界知名化妆品制造企业。欧莱雅的转型成功完全是靠它的创新精神,在研制新产品方面投入了大量资金,这些都为其成功奠定了基础。

当研究出新配方时,他们会不断地进行产品测试。某次为了实验染发剂在世界各地各种气候条件下的使用效果,他们在实验大楼内设立了赤道阳光、英国浓雾、北极寒冬等各种模拟环境来进行产品的临床试验。像这样耗资惊人、设备先进、人才一流的研究开发方式,一般化妆品公司不敢尝试。

欧莱雅甚至采用与美国研究月球地形设备相同的仪器来研究人类脸部皱纹产生的情形。有些新配方还同时用在其他部门,如英国石油公司曾利用欧莱雅的一种油性发质的洗发精配方来处理水面的油迹。

由于欧莱雅不断地追求创新,使他们能在市场中独领风骚,更闯出了自己的一片天。欧莱雅曾推出一款新型的整发剂,在上市之初,就大受消费者欢迎,连最挑剔的美容师也赞不绝口,上市第一年销售额就高达六百万美元。

欧莱雅不断地推陈出新与总经理戴尔注重创新功不可没。他常和部下为了开发新产品讨论不休，来一场头脑风暴。他主张年轻人不要唯唯诺诺，鼓励他们勇于向主管提出不同的意见。有时他也会当场指出某些主管的错误想法，全力支持其下属的意见。

因此，欧莱雅不但为自己的事业打下了一片江山，同时也为其他企业提供了一种崭新的思维。当企业经营遇到不良的环境条件时，要有逆转潮流的胆识和谋略。欧莱雅的成功告诉人们，以技术和创新来提高产品的竞争力是创造提供企业活力的来源之一。

至今，欧莱雅仍然不断地在推出新的产品给消费者，并利用广告与国际知名影星广为宣传自己的产品，这也推动了欧莱雅走上国际级的化妆保养品牌宝座。

低价量产，抢占消费市场

亨利·福特不但首创福特汽车，也是世界工业发展史上首次提出并实施"生产线"来大量生产的人。也正因大量生产方式的推出，才使福特汽车能物美价廉。

当福特汽车公司成立之初，亨利·福特就有一个理想：要制造一种价格低廉、坚固耐用的大众化汽车。

有一次，他把一部汽车卖给一个医生，在试车时，一个看热闹的工人对同伴说："不知道哪一年我们才能买得起汽车？"

"简单得很，"那个同伴笑着说，"从现在开始，你只要不吃饭、不睡觉，一天工作24个小时，我想不用5年，你就可以拥有一部汽车了。"这些话引得四周的人都大笑起来。

福特当时也听到了，但他没有笑，反而很认真地对那个工人说："将来的情况，可能与你所说的正好相反，在吃得更好，工作时间更少的情形下，你就可以拥有汽车，而且这一天不会太远了，我敢肯定地说，绝对不会超过5年。"

福特有他独特的经营理想。他认为：企业贪求过大的利润，正是妨碍买主消费的最大元凶。另外，也不宜在完成某项工作时花费多过于这项工作所需的精力，应该以最少物力和人力的损耗来进行生产，再以企业最小的利润将商品销售出去，以达到整体销售额的增加，亦即"薄利多销"。

为了实现这个经营理念，福特运用不同的经营手段，对产品的标准化、生产过程、劳资关系、成本等进行了一连串的改革，创立一套独特的"薄利多销"经营方式，使他在当时的汽车业界中独占鳌头。"大量生产方式"是此经营模式的核心，而大规模装配线则是实现大量生产的主要手段。

福特的构想是：建立一条输送带，把装配汽车的零件用敞开口的箱子装好，放到转动的输送带上，再送到技工的面前。换言之，负责装配汽车的工人，只要站在输送带的两边，所需要的零件就会自动送到面前，用不着再自己费事去拿。

这项设计节省了技工们来往拿取零件的时间，装配速度自然加快了。可是，实际使用之后，发现了一个很大的缺陷：由于输送带是自动运输的，对前半段比较简单的装配手续非常适用；到了后半段，向车身上安装零件时，手续比较复杂，技工们赶不上输送带的速度，往往会错过传送过来的零件，而这些在输送带上没来得及取下的零件，

Chapter 3 | 创意经营，处处是商机

最后反而堆积在地板上，妨碍了输送带的转动。

没过多久，福特想出了改进的办法，建立了一种新的生产线。他挑选一批年轻力壮的人，拖着待装配的汽车底盘，通过预先排列好的一堆堆零件，负责装配的工人就跟在底盘的两边。当他们经过堆放的零件前面时，就分别把零件装到汽车底盘上。

这一改进，使得装配的速度大大地提高。以前要12.5小时才能装配好一部车，后来仅需83分钟就完成了。这一惊人的改进效果，不仅加快了福特汽车的普及率，也成为其他汽车制造厂改进生产线的蓝本。

福特被誉为"把美国带到轮子上的人"，这一点儿也不为过。他改进了装配速度，降低了生产成本，影响所及，让同业的竞争对手也纷纷推出廉价汽车，并锁定大众化价位的汽车市场，这项创举的确是美国汽车工业起飞的重要因素。

提供互利措施，攻下对手市场

可口可乐和百事可乐两家公司多年来一直进行着激烈的竞争，不论是在开拓市场、寻求机会，还是在将不利因素转变为有利因素、实施切实可行的营销策略等方面都令人欣赏，他们的案例永远是举世瞩目的品牌竞争范例。

1978年以前，可口可乐公司一直在印度的饮料市场上占尽优势。然而，由于可口可乐公司抗议印度政府的政策，突然撤出了印度市场，这对于一直伺机进入印度市场的百事可乐公司来说，实在是个难得的机会。

因此，百事可乐公司采取了四项措施：

措施一，与印度某集团组成合营企业，使其合营条件能够超越印度国内饮料公司的反对和反跨国公司立法机关成员的反对，从而获得政府批准。措施二，帮助印度出口农产品，并使其出口额大于进口气泡饮料浓缩液的成本。措施三，保证不仅在主要城市销售，还要尽最大努力把百事可乐销往乡村地区。措施四，把食品包装、加工和掺水等新技术提供给印度。

这种多元化的销售战术使百事可乐彻底破坏了可口可乐试图重新进入印度的计划，进而打入印度市场，取代了可口可乐公司在印度的霸主地位。

Chapter 3 | 创意经营,处处是商机

紧盯市场变化,拼出企业新出路

福特信托公司位于英国,主要从事酒店和餐饮业的经营。

在第二次世界大战中,该公司的许多酒店被军方征用,有些一直没有归还。因此,到战争结束时,酒店数量下降到不到两百家,但公司的营业额和利润却仍有所上升。这主要源于以下三点:强调服务质量、增加回头客的比例;抓住英国人崇尚历史、尊重名人的特点,集中力量收购一批历史久远或是由著名贵族家族所经营的酒店,吸引慕名而来的新客;最后一点,适时地进行了产业多样化的发展。

1966年,战后继续繁荣了近20年的酒店业显现出萎缩之势,于是福特信托公司兼并了英国最大的餐饮服务企业约翰·加德纳餐饮公司。这家公司是为办公机构、工厂和院校供应膳食的著名企业,其既能提供盒饭快餐又能承办种类宴会。

福特信托公司因此将企业发展变化转向了宴会承包服务业。

福特曾买下了拥有众多餐厅和宴会厅的皇家咖啡厅。皇家咖啡厅是英国的社会名流们经常光顾的重要社交场所,二十个宴会大厅可同时容纳二千五百名食客。福特信

托公司一跃成为伦敦最大的宴会承包商。

　　大型宴会固然是利润不俗的大市场，但福特也不放弃为普通顾客提供中低档膳食这块更广大的市场。公司与希斯罗国际机场达成协议，由福特控股公司为其供应快餐。之后，公司陆续建立了许多路旁快餐店，与美国的麦当劳等快餐连锁企业很相似。

　　在1985年，福特宣布买下伦敦市中心的沃尔多夫大酒店，正式重返酒店业。在餐饮业丰厚的利润支持下，福特把收购重点全部集中于著名的高级酒店上。福特以令人吃惊的魄力，用巨资一连收购于三家巴黎最有名的酒店，以豪华的陈设和卓越的服务，享誉国际酒店业界。

　　在证实酒店业的巨大潜力之后，福特把发展中档酒店作为主攻方向。同时，他还采用了"品牌"这个商业概念，对公司下属各类酒店进行品牌分类。例如，所有在名称中标有"福特"字样的酒店，都是专门为商业旅行者提供服务的四星级酒店，里面都有先进的会议设施和通信设备。

　　另外，还开发出"旅行者之家"的酒店，这些酒店大多建在高速公路旁，专门为一般旅行者提供食宿及停车服务，属于三星级标准。

　　这些品牌代表着相应的服务和舒适程度，使顾客一看名称就知道其所提供的服务内容，减少了投宿时的盲目性，

Chapter 3 | 创意经营，处处是商机

因而受到普遍欢迎。福特的这一做法，果然大大提高了酒店的入住率。

信托福特公司的餐饮事业又逐渐转型为以一般快餐食品为主。他在欧美各国开设的快餐厅，通常建在公路旁，紧挨着旅行者之家，并和便利店以及加油站组成一个完整的服务系统，营业额也因此蒸蒸日上。

从五星级豪华酒店到平民化的路旁快餐店，信托福特公司时时注意消费者的消费需求，这是企业能屹立茁壮的重点所在。

反其道而行，抓准进场时机

1929年9月世界性经济危机爆发，社会一片混乱，欧纳西斯认识到船运业已跌至谷底，因为经济危机使世界贸易陷于瘫痪，海洋运输业自然首当其冲，损失最为惨重。

无数船只静静地停泊在大大小小的港口码头，无论船东们怎样奔波都无济于事。欧纳西斯却决心向这个深不见底的行业投下资金。他甚至大量收购还有利用价值，而价格却极为低廉的船只。

在这场灾难中，加拿大国有铁路公司损失惨重，不得不拍卖部分固定资产，其中有六艘货船，原价值为两百万美元，这时却以每艘仅两万美元的标价出售。欧纳西斯得知这个消息后，连夜赶到加拿大，立刻将这六艘船全部买下。

人们认为欧纳西斯的做法简直是丧失理智，都说他疯了。在这种情况下，别的船东都在想办法卖出船只，以免损失太大，欧纳西斯却像捡到宝似的大肆收购，真叫人不可思议。

经济复苏的日子终于到来了，然而伴随着的却是第二

Chapter 3 | 创意经营，处处是商机

次世界大战爆发这场更大的灾难。正当人们惶恐不安忙于逃难时，欧纳西斯的货船开始发挥神奇效用。这些浮动于水面的运载工具一夜之间身价百倍，他的投资得到了回报。

欧纳西斯欣喜若狂，率领他的船队投入繁忙的运输业务，人们把这些船只称为"浮动的金矿"，欧纳西斯的梦想实现了。

没有几个人能有欧纳西斯这样的勇气和胆识，此时新的船队已来不及组建，旧的船东却又所剩无几，欧纳西斯几乎是在没有竞争对手的情况下，打赢了这场漂亮的仗。

随着战争的日趋激烈，欧纳西斯的船队夜以继日地在各个航线上往来，利润自然无法计算。等到战争结束后，欧纳西斯已跻身于拥有"制海权"的巨头商贾之最，成为举足轻重、名副其实的船王。他的成功证明了"拥有市场，就是拥有利润"，机会绝对是留给准备好的人的。

观察消费需求，商机就在身边

加藤信三是日本狮王牙刷公司的职员，和所有上班族一样，他早上起床后经常是闭着眼睛匆匆忙忙地洗脸、刷牙。

有一天，他正刷着牙，发觉自己的牙龈又出血了，使用传统牙刷已经好几次使自己的牙龈出血了，加藤信三气得想把牙刷往地上摔，但事后冷静一想，他觉得和自己一样刷牙刷到牙龈出血的人或许为数不少，也就是说有许多人对传统的牙刷感到不方便、不满意。这么说来，如果自己能够解决这个问题，那一定会受到许多人的欢迎。

为此他想到了许多解决牙龈出血的方法，例如：牙刷改用很柔软的毛，这样确实能够解决牙龈出血的问题，但刷毛过于柔软，就不能清除牙缝中的脏污；倘若在使用前把牙刷泡在温水里，让它变得柔软一些，或者多用一点牙膏，又都不是很方便，也无法完全解决问题。

后来他又想到是不是牙刷顶端的刷毛太刺、太硬，导致刷牙时牙龈受伤。于是，他把牙刷放在放大镜下细细观察，意外发现牙刷顶端的刷毛是四角形的，也许是这种四角形的刷毛棱角太分明，容易刺伤牙龈吧？于是加藤信三

Chapter 3 | 创意经营，处处是商机

针对这个缺点想出了一个解决办法：把牙刷顶端的刷毛磨成圆形。

经过试验，把牙刷刷毛顶端磨成圆形后，果然就不容易刺伤牙龈，效果十分理想。于是他把这项创意向公司提出，公司对此非常感兴趣并且经过试验后很认可，于是马上采纳了他的新创意。后来狮王牌的牙刷顶端就全部改成圆形，十分受到消费者的欢迎。这个绝妙的创意也让狮王牌牙刷在众多品牌中一枝独秀，业绩长红了十多年。

加藤信三在日常生活中时刻留心，不以事小而不为，用自己的智慧造福人类，也为自己挣得了财富与地位。

不盲目追赶潮流,发掘真正商机

美国巨富亚默尔在少年时只是一名农夫,十七岁那年被淘金热所席卷,投入淘金者行列。当时山谷里气候干燥,水源奇缺,寻找金矿的人感到最痛苦的就是没有水喝。他们一边寻找金矿,一边骂:"谁要是有一壶凉水,老子给他一块金币。""谁要是有水能让我狂饮,老子给两块金币。"

在一片"渴望"声中,亚默尔突然有了新的想法。于是,他退出淘金者行列,把手中的铁锹换了一个"方向",由挖掘黄金转为开挖水渠。经过努力他终于把河水引进了水池,经过细沙过滤,变成了清凉可口的饮用水。

一见他担着水桶、提着水壶走来,那些唇干舌燥的淘金者就蜂拥而上,金币一块块投入他的口袋中。

有人嘲讽他:"我们跋山涉水是为了挖到金矿,你却是为了卖水,那何必到加州来呢?"面对这样的冷嘲热讽,亚默尔泰然处之。后来,许多淘金者纷纷离去,亚默尔却以此奠定了发展基石。

亚默尔的发迹就在于他不为潮流所惑,而能观察到真正的商机。

经营企业关键在于掌握信息,而信息的价值在于新、

Chapter 3 | 创意经营，处处是商机

在于快、在于独家。这就要靠企业家处处做有心人，从各种渠道去寻找、去挖掘，哪怕是一次普通的私人谈话，也要细心留意。亚默尔本来是去挖金的，但他从挖金人的抱怨中找到有价值的信息，更毅然放弃挖金，改为找水，结果他成功了！

利用对手弱点，提高自身竞争力

在日本丰田汽车进入美国之前，占领美国市场的是德国福斯汽车。

在某个寒冷的冬天，丰田汽车的员工无意间听到驾驶福斯汽车的司机抱怨引擎难以发动。丰田汽车的主管觉得这个信息非常重要，于是立即委托一家美国市场调查公司去访问福斯汽车的用户，了解他们的意见。

那些消费者普遍希望在冬天汽车能够更容易发动，后座的空间也要更大些，同时还要求具有高雅的内部装饰。

针对这些需求，丰田很快设计出一种比福斯汽车更为完美的车款，并以较低的价格和大力的广告宣传，迅速占领了小型汽车市场，成为销售之冠。

丰田汽车采取的三个步骤是值得借鉴学习的：一是快速掌握消费讯息；二是实际调查考证；三是经过市场检验，尽快修正到最佳状态。当然这一切全突出一个"快"字，消息要准确，行动要快速。

巧妙地利用别人的弱点，转化为自己的优点，而后与之相比，自然有了优势，大大增加了自己的竞争力，这是销售的一大诀窍，也是一条永远适用的竞争法则。

Chapter 4
品牌形象是打造出来的

一场场的商战,可以说是产品和营销手段的较量,谁能够灵活运用营销策略,把企业形象与商品包装得令消费者怦然心动,不断激起消费者的购买欲,谁就可以抢下市场成为最大赢家。

抓住消费者潜在欲望，塑造个性化商品

如果你看过 Charlie 香水广告，相信你一定会对 "She's Very Charlie" 这个口号印象深刻。Charlie 香水是露华浓（Revlon）公司在 1973 年推出的一种女士香水。

Charlie 这个品名源自于公司总裁查尔斯的名字，这是个在欧美国家很常用的男子名，所以当时公司内部有不少人反对，认为它不适合当作女士香水的品名。但事实证明，女性对 Charlie 这个名字似乎情有独钟，Charlie 香水上市仅仅一年，销量即跃居全美第一，三年之后又成为全球香水市场上的霸主。

众所周知，香水是一种同质性颇高的产品，当时香水市场的竞争更是趋于白热化。那么，Charlie——这个有着男人名字的女士香水，究竟是如何赢得消费者的芳心呢？

Charlie 香水成功的秘诀，就在于他树立了一个个性非常鲜明的品牌形象。当时的市场调查结果表明，20 世纪 70 年代初期，正是女权运动在美国及西欧国家风起云涌之时。女性开始不满足于仅仅做个贤妻良母或是漂亮的花瓶，她们已经打响了战鼓、做足了准备，想要和男人一较高下，

Chapter 4 | 品牌形象是打造出来的

因而也急需借助于某种方式来表达这种愿望。

露华浓（Revlon）公司机敏地捕捉到了这个商机，推出了第一款个性化的香水。然后，他们充分利用电视和杂志广告，塑造了一位新女性的代言人——Charlie。广告中的"Charlie"总是以自信、独立和男性化的形象出现。她或者面带微笑，昂首阔步地穿行在时代广场上；或者一个人轻松自如地驾驶着豪华轿车四处兜风……

还有一个最著名的广告：女孩Charlie手提公文包，与西装革履的男同事并肩而行，在穿越马路时，她竟一反传统，把手放在男士的后面，充当起"护花使者"的角色来，而画面的上方则出现一行醒目的标题——"She's Very Charlie"。在这个广告中，Charlie这个名字使整个标题显得独树一格，并与人物的形象和品牌名称一起组成了完美的结构，恰如其分地表达了新女性热爱自由和独立，要求与男人平起平坐的心态。

在一支支的Charlie香水广告强力放送之后，广告中女孩Charlie的形象深入人心，吸引女性纷纷争相购买，很多人都把使用Charlie香水作为表现独立自主、展现个性的方式。Charlie香水以一种个性化的品牌形象成功地挤进了大众化香水的市场，并造成一种"时尚"效应。

当露华浓（Revlon）公司总裁查尔斯有一次被问及对

此事的评价时,他简洁地回答:"我们出售贩卖的是女士们的期望。"换言之,女士们所购买的,已不仅仅是香水,而是心理上的满足,对于同质性较高的产品来说,这正是营销与广告主题所应该表达的重点。

Chapter 4 | 品牌形象是打造出来的

电影配可乐,卖的是欢乐气氛

1981年,古兹维塔(Robert Goizueta)担任了美国可口可乐公司董事会主席。古兹维塔以超乎常人的头脑,提出了一系列非常规的经营方略。最能说明他超乎常规思维方式的是购买好莱坞三大电影公司之一的哥伦比亚电影公司。

这一举动使许多人感到迷惑不解,饮料公司为何插手风险大的电影公司?但古兹维塔则把饮料和电影视为贩售欢乐、娱乐性高的同质商品,他说:"卖电影和卖可乐一样,都是计算成本、开发市场的行业。"至于可口可乐为什么要购买电影公司?可口可乐董事会前主席,参与购买电影公司决策的伍德鲁夫一语道破天机:"一定要使每一个观众在看哥伦比亚出品的影片的时候喝可口可乐汽水。"这种超越常规的思维,不能不让人佩服。

古兹维塔的非常规思维,还运用在公司的内部管理上,他采取了一连串的革新和整顿措施,并迅速建立起一种加强责任和奖励的新制度。这样带来最大的变化是,总公司必要时要干预经销公司的业务。这与传统上几十年延续下来的不干预经销公司业务的政策是相背离的。在古兹维塔上任后不久，可口可乐总公司虽然对独立的经销公司仍保持原有的约定，但对于不积极发展业务的经销商则和他们提出解约并另起炉灶。

譬如当时在菲律宾的市场上，可口可乐饮料的销售量由市场占有率46%降到33%时，为了保持可口可乐饮料销售量在菲律宾市场上的龙头地位，可口可乐公司与原经销商解除合同，而与菲律宾一家当地的公司合作组成可口可乐分装公司，而分装公司的管理权就掌握在可口可乐总公司手里。果然，在新公司成立6个月后，整个营业额不断上升。在罗伯特·古兹维塔跳脱常规的思维方式的领导下，可口可乐公司的事业蒸蒸日上、生机勃勃。

而把销售可口可乐与看电影两者相互联结，更是一种高明的销售手法。

Chapter 4 | 品牌形象是打造出来的

 利用皇室，提高企业身价

SONY董事长盛田昭夫是一位懂得善用名人来营销的经营者。他曾借由一次与英国皇家交流的天赐良机，使自己的产品成功地打入英国市场。

1970年，英国威尔斯亲王到日本参加国际博览会，英国大使馆委托SONY公司在亲王的套房里安装一台电视机，SONY以其高质量的服务使亲王大为满意。

在使馆举办的招待会上，盛田昭夫经人介绍认识了威尔斯亲王。亲王对SONY提供的服务深表感谢，并邀请盛田昭夫到英国开办工厂。

不久，盛田昭夫果然去了英国。经过调查之后，他决定把企业版图扩展到英国。在工厂的开工盛典上，盛田昭夫邀请威尔斯亲王大驾光临。为了感谢亲王的莅临，他让人在工厂门口竖起一块纪念匾额，以示铭记感谢之意。

20世纪80年代，这间工厂决定扩大生产，盛田昭夫再次邀请威尔斯亲王前往。但亲王因行程安排已满，于是派王妃前往。盛田昭夫招待得十分热情周到，还让王妃巡视工厂时戴上保护安全的工作帽，而帽子上明显地出现"SONY"几个大字。

随着摄影师们抢拍王妃，英国各界和世界各地都知晓王妃参观了 SONY 在英国的分厂。从此以后，到此地游览的人，都可以通过"纪念匾"和"王妃照片"了解 SONY 的发展历史，这些都显示出经营者与英皇室的友谊不言而喻，这可说是最有力、最成功的宣传！

就这样，日本 SONY 借着英国皇室的高知名度，成功进入了英国市场，这都要归功于这一场漂亮的营销战。

Chapter 4 品牌形象是打造出来的

开创独特品牌，低价策略奏效

宜家家居（IKEA）是在北美和欧洲广为人知的企业，早期在瑞典及欧洲各国，乃至美国、加拿大等国家，常会见到"自己动手"的广告词和一只眼睛、一把钥匙加一个"啊"字的标志，这正是宜家公司的经典广告。

宜家公司创立于瑞典，创始人叫英格瓦·坎普拉，他的公司自创立那天起，就奉行着与众不同的经营方式，业绩也因此获得了惊人的成长，逐渐成为一家跨国企业。

IKEA的成功主要是在市场营销方面处处留心，提供顾客所需，因而创造出巨大的利润。其经营上的独到之处表现在公司命名、产品销售方式、营业环境创造等不同方面。在企业经营上，"形象"这个概念是极为重要的，"形象"的好与坏、深刻与平淡，对于企业来说影响甚巨。而IKEA形象之所以广为人知，还得从其公司命名开始谈起。

为了公司的命名问题，坎普拉还曾亲自赴美国进行调查研究。在考察中他发现，许多美国公司的名称都是用几个字母联合组成的，譬如ABC（美国广播公司）的A，是美国的第一个字母，B是广播的第一个字母，C是公司的第一个字母，以ABC组成公司名称既简短易记，又巧妙地概括出公司的全貌。又如 RCA（美国无线电公司）、3M 公司等，也都是采用这样的形态，美国有些公司就是用他们的全称作为商标的。

于是坎普拉开始思索公司名称和企业标志等问题。他根据自己的企业和产品特点，想出了一个响亮的名字，并且将公司名称和商标名统一起来，公司英文正是 IKEA，它的品牌标志是：一只眼睛和一把钥匙，后面跟着一个"啊"字！这个企业标志是 Eye-Key-Ah，这三个读音拼念在一起就成为"IKEA"。之后，IKEA 把其独特的品牌标志，大张旗鼓地在各地的广播、电视、报纸、杂志等各种媒体上广为宣传，使其成为家喻户晓的品牌。

另外，在产品销售方式上，IKEA 公司更是别出心裁。IKEA 出售的家具多数不是完成品，而是各种组件。消费者买回家后，必须利用 IKEA 所提供的图纸、特殊起子和扳手，组装成自己满意的家具。由于这种经营方式相当具新奇性，迎合了人们"自己动手做"（DIY）的风气。但凡盖房子、制作家具、组装电器等，人们都喜欢买组件回家自己动手安装，IKEA 正好符合了这种需求，自然生意兴隆，业绩倍增。

IKEA 虽然大打"自己动手做"（DIY）的宣传广告，但实际上顾客一进入该卖场，感受到的却是十分便捷和贴

Chapter 4 品牌形象是打造出来的

心的卖场动线设计。

譬如家具组件一般是比较大的，商店为了便于顾客搬动，在商店入门之处便准备了许多灵活的推车，这和机场候机室的行李车相似，顾客可以用来放置选购好的组件。同时，商店里还提供各种产品的说明书和组合图、记录本、铅笔、皮尺，以便顾客选购组件时使用。商店里所提供的商品，是从全世界一千五百多家家具厂生产的款式中所精选出的，顾客在各地的IKEA分店都可选购到各种款式的家具组件，而其所附的各种图解说明均用英文、德文、法文、瑞典文和丹麦文、中文写明。产品种类之多、样式之繁，可谓荟萃世界各国的精华，并用极为方便的方式服务消费者。

IKEA的经营方式颇有其独到之处，其每家门店皆以展示厅的形式陈设，将样式齐备的实物家具摆放在宽阔的卖场里，而卖场外通常还附设餐厅。每天到逛家具卖场的顾客成千上万，而到餐厅品尝各国风味食品的人同样不少，这无疑替公司增加了另一项重要的收入。当然，醉翁之意不在酒，IKEA的目的是让消费者在就餐的过程中更轻松悠闲，在吃饱休息过后，还能再回到卖场选购更多的家具。此举既发挥到多元化经营、增加额外收入的作用，又达到方便顾客、提供多方面服务的目的，更重要的是吸引更多的顾客前来购买家具组件，顺便提高 IKEA 品牌的形象，收到一举多得之效。

　　IKEA 的广告宣传还有一个特点，就是突显出价廉物美这个最大的特色。确实，该公司出售的家具组件，其价格一般比安装好的成品低 30% 以上，这种价位对顾客充满吸引力，既可以省钱，又可获得"自己动手做"（DIY）的满足感。

　　事实上，IKEA 虽然以比成品低那么多的价格出售，但却不会因此而少赚钱，反而赚得更多。原因在于他以零件组织货源，降低了成本，又以零件出售，还可减少体积，大大减少了运费和仓储费的支出。更值得一提的是，当出售组件时，顾客还需要配备一些安装工具，如起子、扳手、锤子等，对公司来说这方面的额外收入也是相当可观的。

　　IKEA 自创立以来，由于经营得法，广告策划成功，业务发展迅速，连锁大型门市已分布在世界各地，年营业额高达数十亿美元。

用"老二"战术,仿效竞争对手

在照相技术与摄影器材设备的领域之中,日本富士公司与美国柯达公司一直是竞争对手。在各种产品之中又以彩色底片的利润率最高,因此各摄影器材公司在这方面竞争也最激烈。

过去在彩色底片市场上,日本富士公司对柯达公司的威胁最大。"富士"底片以价格便宜、质量好的优势,强劲地冲击着柯达公司在世界市场上的老大地位。

1984年,日本富士公司不惜以巨资争取到洛杉矶奥运会组委会确认的指定产品标志,并获得在奥运会新闻中心设立服务中心的权利。在奥运比赛期间,印有奥运五环标志和富士标志的绿色飞船一直飘扬在奥运会场上空。柯达公司着实输了惨,而这次的胜仗也让富士底片抢到美国市场15%的占有率。

市场竞争的挫折,使柯达公司不得不重新调整竞争战术。柯达公司紧紧盯着富士公司的动态。富士的每种产品都被柯达公司收集之后送到实验室进行分析研究,以发现其中的奥妙。

当时柯达的一些员工不满地称此举措为"老二战术":

跟随着富士的脚步，富士怎样做，柯达公司就怎样做。这对称霸市场很久的柯达来说，岂不太讽刺、太无奈？

但这个方式却让柯达公司受益不小。如富士底片冲出来的照片比柯达的产品色彩表现力强，普遍受到顾客的喜爱。1986年，柯达公司开始运用新技术，也推出新型柯达底片，色彩果然比老产品鲜艳了许多。

柯达公司除了在产品上积极学习富士公司，同时在经营管理上也学习富士公司的做法，积极推行日本式全面质量管理的方法，也获得了很好的效果。例如，在相纸上光部分，只要出现头发十分之一宽的线条，整个大卷的相纸就得作废。另外，底片部门在1985年以前产品合格率只有68%，而开展学习富士公司的行动之后，产品的合格率上升到74%，1987年又提高到90%。

在产品销售活动中，柯达公司也积极学习富士公司的做法。1986年，柯达公司把日本唯一的一条大型飞船租了下来，一艘印有巨大柯达公司标志的飞船就这样日夜飘浮在东京上空。另外，在1988年的汉城奥运会上，柯达公司以5000万美元的价格买下了汉城奥运会标志的使用权。

柯达公司的竞争战术，果然让富士公司感受到巨大的压力。富士公司在美国的子公司副总裁查普曼说："我希

Chapter 4　品牌形象是打造出来的

望柯达公司还是像以前一样,不把我们放在眼里。现在这种讨好方式,还真让人受不了。"

如今,虽然底片时代已然远去,但当年这段精彩的"老二战术"仍值得人们深思。

远渡重洋镀金，打开国内市场

1959年，稻盛和夫与松风工业公司的一名职员共同创建了京瓷公司（Kyocera）。他们拼命工作，努力奔走推销产品，积极说服各厂商试用。但当时美国制品占有一半以上的日本市场，较具规模的电器公司只信任美国的产品，根本不采用日本厂商自己生产的东西。稻盛和夫心想，既然日本市场犹如铜墙铁壁般难以打入，不如以奇招制胜。这一招就是让美国的电机工厂使用京瓷公司的产品，然后再输入到日本，以引起日本厂商的注意，届时再进入日本市场应该就容易多了。

1962年，稻盛和夫只身前往美国。此行的目的，并不是要开拓美国市场，而是为了打进日本本土市场。美国厂商不同于日本厂商，他们不拘泥于传统，不管卖方是谁，只要产品精良，禁得起他们的测试，就可以采用。这给稻盛和夫带来了一线希望。尽管如此，想在美国推销产品也不是一件容易的事，稻盛和夫在美国奔波将近一个月的时间，但并没有成功，没有企业愿意采用他们的产品。遭受这样的失败，稻盛和夫很生气地下决心再也不去美国，但回国后又发现，除了这个办法，实在也没有其他更可行的

Chapter 4 品牌形象是打造出来的

好主意了，于是只好又返回美国。

皇天不负苦心人。稻盛和夫从西海岸到东海岸，一家一家地拜访，终于在拜访数十家电机、电子制造厂商以后，找到了德州仪器公司。当时，该公司为了生产阿波罗火箭的电阻器，正在找寻耐度高的材料，经过非常严格的测试后，京瓷公司的产品终于击败了全世界许多著名大厂的产品，获得采用。

这是一个转折点，京瓷公司的制品获得德州仪器公司的好评而采用后，许多美国的大厂商开始陆续与他们接触，终于使稻盛和夫如愿以偿，将产品输出到美国，使它成为美国产品后再运回日本销售，最后终于打响了京瓷公司的名号，所制造出的产品不但开始在美国销售，也拓展了日本本土的市场。

闯出名号，打造自我品牌

曾拥有"世界网球拍大王"头衔的罗光男，当时他在台湾被称为"凭一支球拍打出天下的青年创业者"。他所制造的"肯尼士"网球拍可说是世界运动用品之冠，并因此树立了台湾网球拍王国的形象。

罗光男创业之初与友人合伙开了一家制造羽毛球球拍的加工厂，业务虽有较大的发展，但正如俗话所说"合伙的生意难做"，尤其在赚了钱之后，在经营等方面，大家的意见越来越没法统一，于是三位事业伙伴只好分手，罗光男也打出自己独资的旗号。这时候，罗光男虽然获得了企业的经营权，却还没有自创的名牌，即使在公司已能生产出世界一流的高质量高性能球拍的情况下，也只能接受国外知名品牌厂商委托加工。订货下单的主动权掌握在别人手中，只能赚取微薄的加工费。

因此，罗光男认为："没有自己的品牌，只能一辈子为他人作嫁衣。"于是在1977年，罗光男推出自创的"光男"牌网球拍，向国际市场进军。它用国外引进的太空材料"碳纤维"来制造，因此重量较木球拍、铝合金球拍轻，坚韧无比，结构牢固，打球稳定性强，控制灵活，也不会

Chapter 4 | 品牌形象是打造出来的

因气候影响而变质,被世人誉为"超级球拍"。

罗光男后来更注重广告宣传与营销,因此将"光男"换了个颇具西洋味的品牌名称"肯尼士",并以"K"字作为商标,从而一跃成为世界网球拍销售之冠,从中足以见得塑造品牌形象的重要性,并不亚于质量本身所带给消费者的影响。

创新与专业使企业永葆竞争力

杜邦公司的总部设在美国，是世界首屈一指的化工企业，以生产尼龙、塑料等化工制品著称。这家公司能够不断发展，最后获得经营上的成功，与其不断开拓、着眼未来，敢于投资科技研究和开发新项目的魄力是分不开的。

杜邦拥有各科专家和工程师，负责在美国和世界各地进行各种相关研究，每年科研经费的开支高达十多亿美元。这是由于杜邦公司的决策者深刻领悟到，在科技日新月异和竞争日益激烈的今天，产品是企业的生命，一成不变地生产、经营固定的产品，企业将不会兴旺，最终会自取灭亡，只有不断地根据市场需求和科学技术的发展来开发新产品，才是企业经营的根本之道。企业的生机就在于产品的推陈出新。

因此杜邦公司除了不断改进和提高尼龙和塑料制品的品质之外，还不断开发新的产品，以此促进企业的发展。包括推出航天工业所需的各种零件，这些零件具有传统金属所不具有的性能，具有高强度、轻质、耐磨、易加工保养等多性能特性。

另外，开拓汽车应用塑料也是杜邦的主要项目之一。

Chapter 4 | 品牌形象是打造出来的

杜邦公司已开发出一种叫维斯珀尔的超耐磨树脂，能用于汽车空调系统的各种阀门；还开发出一种类似橡胶的塑料，能承受高温和振动，可作为发动机的支撑部分。近年来，杜邦还极力以发展电子新材料为主力方向，他们研制的一种塑基胶片，能用激光构思设计电路板的复杂电路。

在纤维方面，杜邦公司在1987年推出了斯坦麦斯特纤维，用它制成地毯不怕弄脏，极易清洁。另一种新产品叫塞马克斯张纤维，用它制成的服装在寒冷地区穿着能保暖，在炎热地区穿着感到凉爽。这些产品在市场上都极具竞争力。

在食品包装和卫生保健方面的新原料开发，杜邦公司也不断加紧进行，并获得了令人眼前一亮的进展。创新的"杜邦"，总能从"无"创造出"有"！

而杜邦也一直在塑造专业研究的企业形象，这不仅仅是形象包装，也是公司真正的硬实力。杜邦不满足于现有的成果，不断地研制出新的产品，从而成为世界上最大的化工企业。

悄悄研发新品，重击对手

日本精工（SEIKO）与卡西欧（CASIO）两家公司总是各显神通，都想在手表制造业的这场竞争中脱颖而出。

当精工公司发现瑞士人发明并研制了石英电子表之后，预测到在未来一段时间内，市场将对这种物美价廉的手表有大量需求，便以仿造瑞士表为主，研发相关表款，并且很快占领了国际市场，卡西欧公司在这一竞争中俨然成了败将。

不过，卡西欧公司并不气馁，经过分析，他们认为尾随精工之后，难以与之争胜，不如另谋出路。于是，一方面装作若无其事的样子，并放出风声说准备转变产业类型；另一方面却在暗中以石英晶体做振荡器的显示技术为目标，大力进行研制。经过反复实验，果然开发出精确度更高、造价更低的石英电子手表。这使得精工公司不得不采取新的策略，重新迎接卡西欧公司的挑战。

此后，卡西欧公司再以石英振荡器为主，开发了一系列新的电子产品，除电子手表之外，还大量生产收音机、电子钟、文字处理机、计时器和电视机等产品，公司业绩与产品效益日益提高。

Chapter 4 | 品牌形象是打造出来的

在此案例中，卡西欧公司在与精工公司的竞争中处于劣势，所以公司故意放出产品转型的风声，实则是为了让对手松懈，以掩盖自己研制廉价电子表的目的，从而在竞争对手措手不及的情况下占领手表市场，重击竞争对手。

捍卫商誉的专利权保卫战

当年福特公司推出世界上第一辆能够大批量生产的汽车之后,产量和销量日趋增长,但却发生了一件棘手的麻烦事。

那时纽约有一个叫乔治·席顿的律师,此人能说会道,善于钻法律漏洞。他从来没有制造过汽车,甚至连汽车零件都没有摸过,但却在1870年申请并获准了一种"安全、便宜而结构简单的汽车"的专利。他注明的内燃机引擎用的燃料是汽油。也正因这项专利包括的内容太笼统了,所以几乎凡是制造汽车的厂商,都有可能侵害到他的专利权。因此,当时有好几家公司每年都要按收入比例支付给席顿一笔专利使用费,大家明知这是不公平的,但畏于他是个名律师,恐怕斗不过他,因此没人敢轻易得罪他,只好继续吃这种大亏。

当福特汽车开始大卖时,有一天席顿找上门来。他热烈地握着福特的手,连声道贺:"这款汽车一上市,真可说使所有的车黯然失色,恭喜你,福特先生!"

"谢谢你!"福特早就听说过这个人,也知道他来的目的,所以表情很冷淡,"我只不过设计了一部车子而已,

Chapter 4 品牌形象是打造出来的

算不了什么。"

席顿这种人最善于察言观色,他一看福特的表情,知道用软的是不会有什么结果的,于是马上脸色一变,说:"我今天到贵公司来拜访,有一件很重要的事情想请教。"

"什么事?"

"我先请你看一件东西,"席顿打开他的皮包,取出他的汽车专利权证书,递给福特说,"这是我在1870年注册的专利权,请你仔细看一看。"

福特接过来,不经意地翻看一下,还给他说:"我想不出这个证件与我有什么关系。"

"噢,关系可大啦!"席顿夸张地说,"你新上市的汽车有不少地方跟我的专利是雷同的。"

"阁下的意思是,我的新款汽车抄袭了你的专利?"福特很不客气地问。

"我想是的,这也正是我今天来拜访你的原因。"

"请你听明白,席顿先生,我制造汽车不是一年、两年了,从来没有抄袭过别人的东西。事实上,别人的东西我也看不上眼。"

"这是讲究法律的,只凭强辩没有用。"席顿郑重其事地说,"如果我告到法院,对你的损失将是很大的。"

"你想威胁我吗?"

"这不是威胁,是事实。"席顿语气一缓,压低声音,改用商量的语气说话。"当然,我并不希望把这件事闹到法院,我只希望你了解这件事情的严重后果。"

"阁下的意思是不是想要我付给你一笔使用费?"

"我想,这该是解决问题的最理想方式。"席顿很委婉地说,"有很多人都是这样跟我解决的。"

"我不管别人怎样做,"福特愤然地说,"我绝不做这种冤大头!"

"咦?"席顿一惊,带着不相信的语气说:"你的意思是宁愿闹到法庭解决?"

"是的!"福特回答得斩钉截铁,没有丝毫商量的余地,"我认为这是最公平的解决办法。"

席顿悻悻地拎起皮包,临走又丢下一句话:"如果你后悔你的决定,三天之内还可以找我商量。"

席顿走后,福特的秘书走过来焦急地说:"这个家伙是有名的难缠人物,再加上精通法律,实在不好惹。如果损失一点钱能够和解,还是和解的好。"

"不!"福特说,"这不光是钱的问题,如果我给他专利费,就等于证明我的新款汽车是仿制他的东西。事实上,这是我和威尔斯、苏伦生三人心血的结晶,绝不可以让他坐享其成。"

Chapter 4 品牌形象是打造出来的

"可是，他一定会想尽各种办法打击你，我怕你斗不过他。"秘书担心地说。

"有公允的事实作为后盾，我相信我不会输给他的。"福特很有信心地说，"我早就研究过，他得到的专利内容是不公平的。"

由于福特坚决不肯付给席顿使用费，结果真的闹上了法庭。正如那位秘书所预料，席顿是个厉害的人物，他想一下子把福特打倒，使他永远爬不起来，还唆使其他汽车制造商一起控告福特侵害他们的权益。

说起来，这些小厂商是很可怜的，他们自己没有设计研究的能力，只好东拼西凑地装配汽车，其中有些零件与席顿的专利雷同，在他的威胁下，只好支付使用费给他。现在席顿又唆使他们，说福特侵害了他们的权益。这些人一想也对，他们付钱给席顿买下了使用权，怎么能让福特白白地制造？而且福特有研发与制造汽车的能力，倘若福特胜诉，岂不再也没有他们这些小厂商的立足之地，日后汽车的天下都将是福特的了。所以这些小厂商也愿意一起控告福特侵权。

除了在法院控告福特之外，席顿还施展一招杀手锏——鼓动与福特竞争的同业放出谣言。这些谣言说："福特已经被人告到法院在打专利官司，他的汽车是否合法还不知道，一旦法院判决福特的汽车是违法的，购买者将受到意外损失或招致麻烦。"

福特听到这个谣言大为恼火，当即决定把一笔建厂用的资金送到法院作抵押，并公开声明：凡购买福特公司汽车的人，如将来受到什么损失，就以这笔资金照数赔偿。

席顿的手段很歹毒，但福特的反击办法也够高明。尤其他这种断然停止建厂，把资金用到官司上的做法，充分显示了他不顾一切要与席顿斗争到底的决心。这一气势反倒使席顿也有点气馁了。

最终，在1911年最后一次辩论终结时，法庭宣判福持获胜，他的新款汽车并没有侵害到席顿的专利权。

"我的胜利是意料之中的事。"福持当时发表他的感想说，"因为席顿的专利在本质上有很多问题，如果不限制他，任何人制造的汽车都可能侵犯他的专利权。我不只是为不愿意支付权利金而战，亦是为了捍卫我的商誉而战！"企业的形象，就等于企业的商誉，也是消费者决定是否买单的第一步，不可不慎。

Chapter 4 | 品牌形象是打造出来的

 抓住消费者心理，产品加入创意元素

多年前，瑞典移动电话制造商爱立信（Ericsson）曾是一枝独秀的手机制造商，为了在激烈的市场竞争中取胜，它对当时欧洲用户的需求进行了调查，发现大约每十位手机用户中，就有四位希望拥有一部颜色鲜艳的手机，如能经常更换手机颜色更好。

一般消费者都认为，五彩缤纷的颜色带给人新潮的感觉，但却不愿意为了更换颜色而购买多支手机。针对此情况，爱立信推出了新型号的移动电话。

这款新机具备五款不同的外壳，用户可以随着自己的心情或喜好，更换手机外壳，手机外貌就立即焕然一新。这系列的五款外壳，每款都有独特主题，其中有四款设计分别出自瑞典、美国、匈牙利等国家的艺术家之手。

当时的爱立信执行董事约翰·斯伯格认为，若将手机加入艺术元素，就更能展现出使用者的个人品位。艺术设计让手机变身成时尚饰物，而走在潮流尖端的消费者和年轻人，对这个新概念最易接受。爱立信公司掌握到消费者的心理需求，刻意将产品改头换面，让手机摇身一变，变成外形吸引人的艺术品，自然也让销售量一时大增，当然也促使之后很多的手机业者纷纷仿效。

如今,虽然爱立信已然退出一级大厂的地位,但现在蓬勃发展的手机套、手机壳、耳机孔塞生意,或许也得感谢这位老前辈的创意。

Chapter 4 品牌形象是打造出来的

 不花大钱，也能巧妙营销

企业可以通过公关活动、赞助活动、组织竞赛等塑造良好形象，提高知名度，从而为产品打开销路，这就是"以迂为直"在营销上的巧妙运用。

上海棉纺厂曾从联邦德国引进一台绒线机，可以生产各种花色的绒毛线。一开始，上海棉纺厂并没有在市场上先推销产品，而是分别在报纸、电视上登广告，举办千人编织竞赛。

竞赛者必须使用该牌绒毛线，竞赛后评选出一、二、三等奖。于是，该厂门市前开始大排长龙，人们竞相购买新出厂的绒毛线，参赛者多达三千多人。

为了拔得头筹，参赛者纷纷使出浑身解数，这些编织高手不仅织出了常见衣物，还将竞赛作品内容扩展到床罩、沙发套、桌巾等各式用品上，不但让人们对毛线工艺大开眼界，还为上海棉纺厂新出品的品牌绒毛线做了最成功的宣传。最后，甚至有几家编织工厂还从中选出最佳的款式进行量产。

当然，报纸上也刊登出《千人巧结圈圈绒》的专文报道，让上海棉纺厂的声名远播，使得绒毛线的销量大增。

分期付款创举,买卖双赢

有"汽车大王"之美誉的艾科卡,是一位世界超级企业家。他在年轻时,曾经在福特汽车公司宾夕法尼亚州威尔克斯巴勒地区的一个区当销售经理,推销福特汽车。

刚开始时,艾科卡任职地区的销售情形很不好,在威尔克斯巴勒地区的十三个小区中,销售额排倒数第一。

艾科卡在经历了数次失败后,想出了一个新主意:就是当顾客决定要买一九五六型福特新车时,可先预付20%的头期款,其余的金额可以用每个月支付56美元的方式,分3年付清。这样几乎任何人都能买得起福特汽车了。艾科卡把这种购车办法叫作56元换"五十六型"。

艾科卡的这个办法立竿见影,顾客闻讯后,纷纷前来他这里买车,短短3个月内,艾科卡所在地区的汽车销售数量就已跃居全国第一。

当时福特汽车公司的负责人罗伯特·麦克纳马拉非常赞赏艾科卡的这一划时代的销售创举,并将此方式列入全国销售战略的一部分,公司因此多销售出七万五千辆福特汽车。

艾科卡从此一举成名,晋升为华盛顿区经理,也为他日后事业的成功奠定了基础。

Chapter 4 | 品牌形象是打造出来的

远而用助，另辟销售网

本田汽车（HONDA）在日本的市场占有率颇高，这是由于本田有着庞大的销售网，而这些都是从日本的自行车零售商店开始起步的。

1945年，本田宗一郎拿到了五百个日本军队野外发电机的小引擎，他把这些小巧的引擎安到自行车上。这种改装的自行车非常畅销，五百辆很快就售完了。本田从这件事上看到了摩托车的潜在市场，成立了"本田技研工业株式会社"，决定开创摩托车事业。

于是，一批批可以装在自行车上的引擎生产出来了，但仅仅靠当地的市场是消化不了的。本田宗一郎面临着如何将产品推销出去的问题。

本田找到了新的合伙人，他叫藤泽武夫，过去是一位对销售业务很有一套方法的小承包商。当本田与藤泽商量该如何建立全国性的销售网时，藤泽建议说："全日本现在约有两百家摩托车经销商，他们都是我们这样的小制造商拼命巴结的对象，如果我们要涉入其中，就会损失大部分的利益。"

"但同时，请不要忘记，全国还有五万五千家自行车零售商店。"藤泽接着说,"如果他们为我们经销这款引擎,对他们来说,既扩大了业务范围,增加了获利渠道,同时又能刺激自行车的销售。加上我们适当让利,这块肥肉他们会不吃吗？"

本田一听,觉得真是条绝妙好计,立即请藤泽开始按计划进行。

于是一封封信函雪片般地飞向遍布全日本的自行车零售商店。信中除了详细介绍引擎的性能和功效外,还告诉零售商每个引擎以近三成的利润反馈给他们。

两星期后,有一千三百多家商店有了积极的反馈,藤泽就这样巧妙地为"本田技研"建立了独特的销售网。本田产品从此开始进军全日本。

摩托车经销商对销售摩托车业务熟稔,并有广泛的业务网络,但对本田的新商品没有兴趣；自行车零售商距本田虽然"远",但却远而有"助"。可见善用营销策略与销售网络的企业才会是最后赢家。

Chapter 4 | 品牌形象是打造出来的

 优质售后服务,树立企业形象

有句俗话是"鬻马馈缨占先手",意思是把马卖出去以后,随之把披在马身上的漂亮带子也赠送给买主。在企业营销中,这"缨"就泛指"售后服务"。

美国企业家、销售之王乔·吉拉德曾为他的发迹诀窍自豪地说:"有一件事许多公司都没能做到,而我却做到了,那就是我坚持销售真正始于售后,并非在货品出售之前的观点。"这种始于产品销售之后的营销谋略,也有人称之为"第二次竞争"。

世界上许多优秀的企业都很注重这种售后服务。如美国的凯特皮纳勒公司是世界性的生产推土机和铲车的公司。它在广告中说:"凡是购买了我公司产品的客户,不管在世界上哪一个地方,需要更换零配件,我们保证在48小时内送到你们手中。如果送不到,零配件就免费赠送给你们。"他们说到做到,有时候为了把一个价值只有50美元的零件送到偏远地区,不惜用一架直升机送货,费用高达几千美元。

如果真的无法按时在48小时内把零件送到用户手中,他们也确实会按广告说的那样,把产品免费赠送给用户。

此种做法看似赔钱，却换来了良好的企业商誉，也因此这家公司经历五十年而不衰。

再如日本的日立公司（HITACHI），有一次，一名美国游客在东京日立公司的售货点买了一台组合音响，买后发现里面漏装了配件。他本打算第二天再去售货点询问，没想到日立公司的人却连夜找上门来，为他补了配件，并再三道歉。原来，音响售出后，日立门市部发现遗漏了配件，便连夜向东京各旅馆查询，都未能找到这名美国游客。于是，他们根据这名顾客留下的一张美国名片，查询到他在纽约的父母的电话号码，通过联系，终于找到这位游客在东京的地址。

知名企业对于售后服务的"第二次竞争"极其重视，这也是让顾客再度上门、并且塑造良好企业形象的不二法门。

Chapter 5
产品定位,抢先嗅出商机

以顾客为中心进行生产活动和营销活动,是企业经营理念成熟的重要表现。一个有远见的企业要具备对市场反应敏锐的特质,确立企业的自我定位与经营策略,了解市场的需求,才能把企业带向获得最大利润的成功之道。

独特包装与配方,稳居饮料行业龙头位置

可口可乐问世已有百年以上的历史了。自可口可乐公司建立以来,曾几度易主,还一度陷入严重的财政危机。幸而当时由一位名叫罗伯特·伍德拉夫的年轻人执掌公司大权,才使可口可乐公司转危为安并迅速拓展,他也被美国人誉为"可口可乐之父"。

伍德拉夫是个眼光独到的生意人。第二次世界大战爆发后,精明的伍德拉夫看准时机,为美国军队的官兵提供廉价的可口可乐,并使其成为军需品,战争期间,美国士兵将可口可乐的诱人之处传播到了欧洲许多国家。二战结束后,可口可乐的年销量就达到50多亿瓶,从此,公司也成为世界知名的大企业。

可口可乐之所以风靡世界经久不衰,其秘诀有以下几点:

首先,它以质量优良与独特口味取胜。其次,是强而有力的企业经营管理策略。但更重要的是,它有亮眼的商标和别致的包装,再加上能够吸引大众目光、活力四射的广告。

在20世纪80年代之后,出现了一位风格与领导方式迥异的董事长,他带领可口可乐走入了新一轮辉煌时期,

Chapter 5 | 产品定位，抢先嗅出商机

此人就是古兹维塔。"可口可乐之父"伍德拉夫选中了年轻有为、精明能干、办事讲究效率、对产品质量要求严格的罗伯托·古兹维塔担任公司董事长。古兹维塔也没有辜负伍德拉夫的期望，在他上任后四年多的时间里，就把可口可乐公司带入资产高达74亿美元的经营巅峰。

由于历史条件的不同，古兹维塔因受伍德拉夫的特别青睐而登上董事长宝座，可在经营管理上，他没有继续贯彻伍德拉夫的传统方法，而采取了截然不同的方式。

在金融方面，伍德拉夫可以说是一位保守的金融家，他厌恶债务。经济大萧条前夕，他及时偿还了公司的全部贷款，谨慎的财务战略使可口可乐公司的资金中长期债务不到2%。但古兹维塔在经营过程中，却把长期债务增加到18%，他用这些资金来改建可口可乐公司的装瓶业务，并买下了哥伦比亚影片公司。他认为只要有利可图就不必害怕增加公司的债务负担。

古兹维塔是一位出色的企业家，他大胆地把神圣不可侵犯的可口可乐商标用到了新产品"健怡可口可乐"上。这在当时曾被视为异端，但事实证明他是对的，不到3年，"健怡可口可乐"便成了美国国内销售量名列第三的饮料。

古兹维塔受到这个胜利的鼓舞，把可口可乐商标又用到另5种新产品上，在包装上也进行了很大的改变，使传

统的玻璃瓶装可口可乐只占总产量的 0.1%。

早在伍德拉夫统治时期，百事可乐公司利用可口可乐配方绝对保密这点，在伊斯兰国家散布有关可口可乐的谣言，造成这些国家拒绝进口可口可乐。困难摆在眼前，古兹维塔用上了商场上的绝招——广告。除此之外，他还利用上层人士和社会名流，进行正面宣传，使得可口可乐得以重振雄风。

1984 年，公司通过调查发现 55% 的被调查者反映可口可乐不够甜。以此为据，1985 年 4 月，古兹维塔大胆地抛开了有着 99 年历史的老牌配方，采用了更科学、更合理的新配方。但这种做法遭到了老顾客的强烈反对，在一些老顾客及装瓶商们的强烈要求下，古兹维塔无可奈何地将"原配方"的"古典可口可乐"重新推回市场，从而恢复可口可乐的本来面目，但他并没有放弃新配方，决定继续生产新配方。

消息传开后，可口可乐公司的股票猛涨，而百事可乐的股票却下跌了。在古兹维塔担任董事长时期，公司不断推出各种口味的饮料，使其他公司压力倍增。如推出樱桃品味的可乐，在味道上同"辣味博士可乐"很相似，对其极为不利；还推出芬达橘子汽水，对 R·J 雷诺工业公司的苏打水也造成很大压力。可口可乐公司在饮料行业里拥

Chapter 5 产品定位，抢先嗅出商机

有最发达的销售系统，基本上控制或垄断了这些业务。可口可乐已成了美国人生活方式的组成部分，公司也成为美国文化的典型代表。

除了经营上的便利，可口可乐总是有最高明的营销策略。譬如在奥运会等这类拥有全球上亿观众的大型赛事上，可口可乐从不缺席，努力争取最大的曝光率。在广告上，也以超高预算请到国际当红明星代言，拍出的广告总是传递出热力四射、青春洋溢的气息，以达到吸引饮料市场的主力客户——年轻族群目光的目的，因此，可口可乐在饮料市场的占有率总是稳坐龙头。

顾客的意见就是钞票

美国西屋电器公司制造出一种保护眼睛的白色灯泡,该公司先请 1300 家用户试用,在使用两周后,派人前往调查使用情况。86% 的主妇反映比过去的灯泡好用;78% 的主妇反映光线柔和。公司以此作为广告素材,在十五个地区委托一百家商店试卖十万颗灯泡,并在各媒体登出题为《具有特别性能的电灯泡》的广告,把两次试卖结果及用户的反馈大力宣传出来,也因此很快打开了销路。

日本有家知名的三叶咖啡店,有一天,店主人发现不同的颜色能使人产生不同的感觉,于是突发奇想:能否选择一种特殊颜色的杯子,帮助他发财?

因此他邀请来三十多位顾客,让他们每人各喝四杯浓度完全相同,只是杯子颜色不同的咖啡。杯子共分为咖啡色、青色、黄色、红色四种颜色,然后询问顾客:"请问哪种颜色杯子的咖啡浓度最好?"青色杯子里的咖啡大家都觉得"太淡了",黄色杯子里的咖啡大家觉得"不浓,不好",咖啡色杯子里的咖啡有 2/3 的顾客觉得浓,但红色杯子里的咖啡大家都异口同声觉得"太浓了!"

从此,三叶咖啡店一律改用红色杯子。该店老板借助

Chapter 5 产品定位，抢先嗅出商机

于颜色，既节约了咖啡原料，又使大多数顾客感到满意。

无论是美国的西屋电器公司，还是日本的咖啡店，均采纳消费者的意见作决策，起到无往不利之效。

预测准确的经营之神

被誉为"经营之神"的日本企业家松下幸之助，在市场预测方面屡屡表现出令人吃惊的先见之明。

1933年，松下幸之助决定开拓电机这一领域，而当时这一领域早已有其他老厂商捷足先登，同时在家用电器方面，充其量只有电风扇会使用到电机零件，市场极其有限。

但是，松下幸之助看到的是电机产业巨大的市场潜力，当年他向记者发表的谈话中就已作出惊人预测："将来，随着生活与文化的进步，每家每户平均使用十台以上电机设备的那一天必将到来！从这个意义上来说，电机设备的需求量是没有限度的。正因为如此，我们致力于技术开发，今后当以小型电机为主要目标。"

如今，早已是家用电器称霸的时代，如果没有这些小型电机设备，家用电器就无从谈起了。

松下公司由于半个多世纪以来始终致力于小型电机的研制、开发，因而引领了家用电器生产的时代风潮，成为全球知名的家用电器生产王国之一。

从市场潜力就已嗅出商机，迅速为自己的企业找出定位，松下幸之助被誉为"经营之神"真是一点也不为过。

Chapter 5 | 产品定位，抢先嗅出商机

定价塑造高档形象

人生如一场棋局，有的人能预想十几步，乃至几十步，早早便做好安排；有的人只能看到几步，甚至走一步算一步。美国知名企业家米尔顿·雷诺在事业这场棋局中的确是一位高手，他因善于灵活运用定价策略而获得成功。

某次，雷诺发现一家制造铅字印刷机的工厂因经营不善、效益低下而被迫宣告破产。但该厂生产的这款印刷机的用途之一是能够供百货公司印制展销海报，而当时许多百货专柜都在大力推销产品，正巧需要大量的销售海报，这款印刷机刚好满足了他们的需求。

于是，雷诺立即借钱买下工厂，然后把机器重新命名为"海报印刷机"，专门向百货公司推销。原来的印刷机，每部售价不过585美元，更名之后雷诺把价钱一下子提高到2475美元。雷诺认为，对某些独特产品来说，定价越高，越容易销售。果然，海报印刷机销路颇好，让雷诺大赚了一笔。

雷诺并不满足已有的成绩，而是时时刻刻寻找新的"摇钱树"。1945年，他到阿根廷商谈生意时，又凭借着自己战略家般的眼光发现了新目标——那就是至今不衰的"原

子笔"。雷诺看准原子笔广阔的市场前途,马不停蹄地赶回国内与人合作,昼夜不停地研究,只用了一个多月的时间便拿出了自己的改良产品,并抢在对手之前上市,还利用当时人们对原子热的情绪,将新产品命名为"原子笔"。

之后,他拿着仅有的一个样品来到纽约的金贝尔百货公司,向公司主管们展示这种"原子时代的奇妙笔"的不凡之处:可以在水中写字,也可以在高海拔地区写字,这些都是雷诺根据原子笔的特性和美国人追求新奇的性格,精心制订的促销策略。

果然,公司主管对此深感兴趣,一下子就订购了2500支,并同意采用雷诺的促销口号作为广告。当时,这种原子笔生产成本仅8美元,但雷诺却将售价抬高到125美元,因为他认为只有这个价格才能让人们觉得这种笔与众不同,配得上"原子笔"的名称。

1945年,在百货公司首次推销雷诺原子笔时,竟然出现了五千人争购的壮观场面。大量订单像雪片一样飞向雷诺公司。雷诺生产原子笔只投入了26万美元资金,短短半年的时间,竟然获得了约156万美元的税后利润。等到其他对手挤进这个市场杀价竞争时,雷诺已赚足大钱,抽身而去。

"高价策略"即在商品投入市场之时,把价格定得较高，以便经营者在短期内获得厚利，减少资金的周转。当然，这需要具有超人的胆识和魄力，因为高价策略往往会面临巨大的风险，但带来的可观利润也通常极为诱人。

国际化赛事让产品话题不断

意大利菲亚特（FIAT）汽车公司迄今已有百年历史了。菲亚特公司在总结自己的百年创业史时，认为汽车小型化和国际化是战胜一个又一个困难的法宝。正是有了这个法宝，才使该公司安然度过了两次世界大战、70年代石油危机、90年代初生产大衰退等危机。

意大利是个资源贫乏的国家，缺乏工业生产所需的矿产和原料，全国国土的4/5是山地和丘陵，这些对发展汽车工业都十分不利。1910年前后，意大利工人的年平均工资只有九百里拉，而当时一辆中等排量汽车的售价却高达一万里拉，工薪阶层难以购买汽车。

汽车小型化的经验，是由菲亚特创始人乔凡尼·艾涅里从美国福特汽车公司学来的，他于1909年去底特律市的福特汽车厂参观时，看到该厂开始生产经济型小汽车，进军低端的市场，中等排量的汽车在美国售价每辆只要八千里拉。艾涅里从中得到启发，从此，他就定下了汽车生产的战略：汽车要小型化，生产要系列化，目的在于降低成本、降低售价，以便夺取市场。于是，菲亚特"零型"小汽车诞生了，实际售价每辆低于七千里拉，并进行规模

Chapter 5 产品定位，抢先嗅出商机

生产，年产达两千多辆。

市场国际化也是菲亚特公司成功的重要经验。意大利的经济实力不及德国、法国、英国等西欧国家，意大利的国内市场对汽车需求量有限，因此，菲亚特公司从创办初期就瞄准国外市场，果然销量大增。

汽车的小型化和市场国际化使菲亚特公司创造了奇迹。此后，菲亚特公司不断推出自己的目标产品，并利用一系列的微型轿车，连续多年称霸欧洲市场，为菲亚特公司创下可观的利润。

菲亚特公司还以生产法拉利赛车举世闻名，并已在世界汽车大赛上赢得了一百多次冠军。有了这项优势，菲亚特公司总是将最先进的技术用在赛车上，并曾不惜重金聘用舒马赫等世界超一流的赛车手，来参加著名的世界大赛，以达到最大的广告宣传作用，这也是菲亚特公司的传统。

在那段期间，有了法拉利赛事这项优势，赛车活动所带来的话题与新闻性总是从不间断，等于是为公司做了最佳的营销。

创造价值,不被时代淘汰

英国路透社是当今世界三大新闻通讯社之一,大量的新闻讯息每天从这里传向全球各地。如今,路透社这个有着百年历史的英国老牌通讯社,仍以一贯稳健的作风在它的舞台扮演着主角,并且还将继续下去。究竟路透社是如何演绎当代传奇的呢?

如今的路透社,实际上已与一百多年前仅是传递新闻的通讯社形象有很大不同了,它已拥有高达数十亿美元的资产,每年的总收入中只有不到6%是靠出售新闻而获得的。值得注意的是,路透社为全球各地外汇交易市场提供的外汇讯息服务,每年就至少能获利十亿美元,占外汇讯息服务业市场68%的比例,几乎垄断了全球的外汇讯息服务市场。

此外,路透社还为全球各地的股票交易所提供股票行情消息。在过去几年里,路透社通过各种金融消息的发布,获得了极为可观的利润,有一年该公司的总收入还曾达到创纪录的7.05亿美元。毫无疑问,路透社已经当之无愧地发展成为全世界首屈一指的金融信息公司。

彼得·乔勃曾担任路透社总裁,他这样总结其经营理

Chapter 5 产品定位，抢先嗅出商机

念："对所有称职的总裁们来说，他们的任务就是对好意见置之不理。"按照彼得·乔勃的解释，不论一家公司实力如何雄厚，它的资金都是相对有限的，因此一家公司的总裁只能尽自己的力量去寻找真正绝佳的主意。在当今世界企业相互并购的环境里，路透社绝不盲目赶时髦，而是谨慎小心地从公司内部挖掘潜力，寻找自我成长的空间。

尤其以路透社在全球的影响和经济实力，不可避免地成为投资银行家们逐鹿的对象。许多投资银行家们找上门来，竭力推销他们的收购企业计划。当然这些计划有时候听起来很吸引人，然而乔勃却从来不为所动，坚持他长期以来恪守的方针，努力使路透社立足于本行中不断发展，而不轻易掏出大笔资金去收购其他企业。

乔勃认为，收购其他企业是单纯地购买股权，而路透社要做的却是创造新的市场，这两者之间有着很大的差别。要想创造一个新的市场，很可能会遇到失败，然而一旦成功，就能够在这个新市场上成为主导者，整个市场都将属于你。

在此指导方针下，路透社的投资并不意味着简单地购买其他企业股票。而且即使他打算购买其他企业，也往往买那种尚处于发展阶段的小型公司。路透社曾经买下两家出售讯息管理软件的公司，这两家公司的软件主要用来传

送和监控交易所计算机里的实时报价,因此被路透社收购后便借助其讯息服务获得市场,事实证明,这两家软件公司确实已为路透社赚进大把的银子。

从金融消息的提供上来看,路透社如今已在全世界各大交易所拥有数十万部计算机荧幕,随时完整呈现外汇行情及股票价格。此外,路透社还开办了进行外汇交易和股票交易的两大交易系统,使得交易者们通过电子界面直接进行交易,传统交易模式所必需的电话、传真和经纪人等中间环节都被省略,大幅降低了交易的成本,提升了交易的效率。

在现今这个金融挂帅的时代里,路透社仍凭借着自己的实力与掌握市场需求的便利,稳坐江山、屹立不摇。

Chapter 5 | 产品定位，抢先嗅出商机

 拳击式产销计划，抢占商机

美国在家用电器行业的起点上有两位大功臣：一是理查逊，另一个是休斯。

休斯小时候家境很不错，他的父亲是北达科他州的知名律师，也许是受了他父亲出庭辩护常常成为轰动新闻的影响，休斯爱上了新闻这一行业。

在求学这段时间里，休斯的生活很平淡，既没有突出的表现，也没有落于人后。从明尼苏达大学新闻系毕业后，他进入一家报社工作，这本来是他事业中很正常的顺序，但一次偶然的事件，使他毅然放弃新闻工作，开始做起生意来。在父亲的资助下，他成立了一家小型电器公司，开始研究新产品，而他的第一个目标是做饭用的电炉。

当时有很多人已看出电器事业具有发展前途，都一窝蜂地在研制新产品，休斯当然也不例外，但开发什么样的产品才能赚钱，却使他煞费苦心，休斯确定了一个原则，那就是他的新产品必须是每个家庭的必需品。他想：如果我能发明一种用电加热的炉灶，就可以解决传统工具使用上的不便。

电炉，不但符合他所定下的原则，而且使用简便，只

要能研制成功，必定会受欢迎。

从此休斯打开了电炉销售市场，电炉销售成功，休斯的事业基础稳固了，他马上又实施一个重大的决策，扩充设备、大量生产、减低成本。因为他看准了一点——发展家用电器事业，规模愈大愈有利益。

"这种生意不但产品要精良，更要有能抢先上市的潜力。"休斯说，"因为大家的智慧是差不多的，一件新产品的问世，彼此在时间上的差距是非常小的。你制造成一种电炉，别人或许也正在制造，如果让别人的产品先上市，你的就失去一部分新奇和吸引力。"

休斯的竞争手段非常卓越，他常说："这就跟拳击一样，当你一拳把对手打得摇摇欲坠时，你一定要尽快再补上一拳，不能等到他站稳了再出拳。"这几句话可以说是他一生做生意经验的总结。

当他初到芝加哥闯天下时，电器业界没有人把他看在眼里，以为他只不过是一个小电器商人。可是，当他的电炉销路急剧上升而同业们正在惊奇之际，他又推出第二项新产品，使同业都产生了措手不及之感。休斯以电器业"黑马"姿态出现，而后能成为开拓者之一，不得不归功于他的经营哲学——拳击式产销计划。

在那个时代，人们对电或多或少都怀有一点点恐惧，

Chapter 5　产品定位，抢先嗅出商机

对于这种消费心理，休斯非常理解，所以他的销售业务展开之后，售后服务也就跟着展开了。据说，他设计了一种用户访问卡，凡是使用他产品的家庭，他会每周派人去访问一次，询问客户在使用电炉时有没有不正常的现象，电炉有没有什么毛病，如有毛病，立即免费修理。如果主妇们有什么疑虑，访问人员也会热情地予以解释。

在当时来说，这种访问是非常必要的。主妇们不但对电器的使用方式需要更多了解，对电的知识也很想多知道一点，以增加使用电器时的安全感。

休斯摸准了这一消费心理，所以他的做法受到用户们带有感激意味的欢迎，因此，他的产品销量得以突飞猛进。

看准趋势,招揽人才拓疆土

当世界上第一台计算机问世时,计算机便以锐不可当之势进入世界的每个角落。刚开始由于很多消费者还不清楚软件怎样选购或操作,使得计算机的效用并未获得充分发挥,有时甚至被闲置一旁。

当时年仅 24 岁的韩裔日本人孙正义,就以敏锐的眼光发现了这个薄弱环节,并找到了问题的症结所在:开发软件的公司与购买使用的消费者之间缺少互相沟通的桥梁,从而造成双方信息无法交流。他想,如果能够在两者之间建立一条畅通的管道,沟通软件开发企业与顾客之间的交流,那未来一定可以大展宏图!

孙正义抓住这一难得的机会,于 1981 年 9 月正式创立"日本软件银行"。经过广泛的宣传和努力经营,公司业绩蒸蒸日上,从而名声大振,孙正义也成为轰动一时的"企业界神童"。连日本经济界一些资深企业家,也感到这个"神童"可敬可畏。

孙正义明白,当今世界已进入综合运用计算机技术的时代,任何人仅凭个人能力单枪匹马做事业显然不行,为了在激烈的竞争中站稳脚跟,就要有一群精明能干的创业

Chapter 5 产品定位,抢先嗅出商机

人才。于是,他开始多方物色、招聘各方有识之士,也因此找来田锁等人大张旗鼓地推动《软件银行》杂志的发行。这份为宣传和推销软件而办的杂志,在孙正义的督促下,从筹备出版到在书店上架销售,总共只花了不到二个月的时间。

这惊人的速度和办事效率,在日本出版界极为少见。此后,他们一鼓作气,陆续创办出版了七种杂志。同时他们与电视台联系,为该杂志大做广告,促使杂志销售量猛增,很快达到三四十万份,在日本浩如烟海的各类杂志书刊中名列前茅,他们的杂志营业额直线上升,迅速达到年营业额15亿日元,发展速度惊人!

日本软件银行由于扩展迅速,急需一个善于协调各方关系的高级经理人,孙正义求贤若渴,准备将日本警备保障株式会社副社长——大森康彦"挖"过来。不久协商成功,大森康彦来到了日本软件银行,1983年3月,日本软件银行向外界宣布,该公司已经内定大森康彦为社长。消息一传开,立刻轰动了日本企业界。

大森康彦走马上任后,凭着多年的经验,立即着手整顿社内组织。在确保人才不外流的情况下,积极物色各方面的人才,发展壮大组织,同时健全一系列规章制度,使社内风气为之一新。

在日本软件银行,从孙正义、大森康彦到基层职员都意识到:旗开得胜并不意味着今后能一帆风顺,居安思危方能百战不殆。况且软件银行创社初兴,在强手如林的激烈竞争中,不能有半点陶醉和懈怠。

以孙正义为首的日本软件银行不仅埋头苦干,他们还逐渐把目标对准了国外市场,不仅决定在美国设立软件银行,还要去欧洲开设公司。

抓住机会、招纳有能力的人才,是商界大亨孙正义成功的两大因素。具备这样的条件,并不断努力拓展自己的企业触角,才能在商战中立于不败之地。

Chapter 5 产品定位，抢先嗅出商机

 建立跨国销售网要强调商品特色

三菱汽车公司（MITSUBISHI）创建于1905年，公司总部设在日本东京。从1932年起，三菱开始生产第一辆大型客车，目前可以说是最大的大型客车制造企业。

1970年，三菱发现一条低成本、低风险进入美国市场的途径。当时三菱汽车除了在美国的名气不够响亮之外，业务人员在销售上的努力也不够，他们往往更卖力地推销美国公司的小轿车，因为销售这样的产品盈利更多。

所以，三菱需要在美国建立一个强大的销售网络，也要解决和美国同行的竞争、产品的知名度低以及新市场存在的文化差异等问题。于是1985年，三菱FUSO卡车美国公司（MMSA）成立，并建立起一套营销策略来面对市场的不确定性，以使销售和收益均获得成功。

在低配额下，公司要MMSA的副总裁理查德意识到，在进口产品市场的激烈竞争中，他所面临的任务是要使美国消费者相信三菱汽车具有独特的优点，是别家汽车无可取代的产品，另外，也要建立更多的销售点。

因此，理查德决定把销售战略建立在显示母公司的实力上，而不是使三菱的产品看起来像其他家的汽车。对于

同一个市场层次来说，三菱所选的产品线和所订的价格都在当时其他日本汽车之上。这也使三菱在人们心目中，比其他与之竞争的产品具有更多的特点、更强的技术、更多创新和更合理的价格。从此，三菱公司在美国市场中逐渐生根发芽、发展壮大。

Chapter 5 产品定位，抢先嗅出商机

扶持竞争对手，创造互利价值

微软和苹果计算机一直是计算机市场上的"重量级拳王"，互为对手，在市场竞争中不断斗智斗勇。在1997年，计算机界曾经传出了一项惊人的消息，微软公司的总裁比尔·盖茨宣布，他要向当时陷入危机的苹果计算机公司注入资金1.5亿美元。消息一传出，业界无不为之愕然，全球亦一片哗然。

当时的苹果计算机公司龙困浅滩，昔日的王者风范逐步消退，几乎就要被淘汰出局，若微软再出重拳，肯定会将苹果计算机逼到绝路。但微软非但没有这样做，反而拉了苹果计算机一把，着实令世人大吃一惊。

微软的此番行动究竟所为何来呢？

苹果计算机是贾伯斯与伙伴沃兹尼克在美国硅谷的一个破旧车库里创立的，贾伯斯是将计算机定位为个人可以拥有的工具，就像汽车一样，可供每个人使用的第一人，这在那时可是破天荒的观念。对一般人而言，过去的大型计算机简直是一头巨型怪物，被供奉在计算机中心的冷气房中，精心保护着，只有少数受过专业训练的人才可以接近并利用它来做点事。

点石成金 营销不难

贾伯斯基于自己的想法，推出可供个人使用的苹果计算机，引起计算机迷们的重视。尤其是苹果计算机所开发出的麦金塔软件，更是一件划时代之作，开创了在荧幕上以图案与符号呈现操作系统的先河，使消费者用起来更方便，是软件业的革命性突破。

靠着这些制胜法宝，苹果计算机公司一诞生便一鸣惊人，它的销售业绩连年递增，经营规模不断扩大，企业实力迅速增加，在个人计算机市场的占有率曾经一度超越老牌巨人 IBM 公司。苹果计算机公司志得意满、威风八面，大有傲视群雄的派头。

但时代的潮流同时也造就了一大批计算机业的后起之秀，如微软公司及网景公司等。这些计算机业的新秀充分利用网络化这一趋势，创造自身在某一领域的优势，从而站稳了脚跟并获得迅速的发展。当时的苹果计算机公司在这一潮流中却反应迟缓，行动停滞落后，使它原先的优势逐渐丧失，市场占有率急剧下降，财务收支状况连年恶化，1995、1996 年连续两年都处于亏损状态，亏损金额竟高达数亿美元。

为了挽回昔日声誉，重现苹果计算机雄风，苹果计算机公司也做了诸多努力：1997 年，苹果计算机公司宣布裁员计划，试图靠降低人员开支来降低成本，达到阻止经营

Chapter 5 产品定位，抢先嗅出商机

恶化的目的。苹果计算机甚至重新请出创业元老贾伯斯出任总裁，希望借此恢复苹果计算机的元气。尽管如此，苹果计算机的经营业绩仍然不尽人意，昔日的王者之气已丧失殆尽，苹果计算机帝国已处于风雨飘摇之中。就在苹果计算机公司焦头烂额、度日如年之际，昔日的对手微软公司突然伸出了援手，不仅让苹果计算机深感意外，也让所有的业界人士迷惑不解。

在尔虞我诈、你死我活的市场竞争当中，此举几乎可说是奇迹。尽管微软公司总裁比尔·盖茨曾是苹果计算机公司中的一员，参与过风靡一时的麦金塔的研制开发，但和自身的经济利益相较起来，这一份对苹果计算机的旧情无疑就显得分量太轻了。

其实比尔·盖茨向苹果计算机公司注资1.5亿美元帮助其渡过难关是另有打算的。盖茨深知，"瘦死的骆驼比马大"，苹果计算机作为一家辉煌一时的计算机霸主，尽管元气大伤、窘境连连，但他潜在的实力却不可低估，就像是微软异军突起的制胜法宝"WINDOWS"操作系统软件，也有苹果计算机的麦金塔软件的影子在里面。

许多计算机公司也都抓住苹果计算机此时欲振乏力的机会，纷纷提出与他合作的建议，如1996年苹果计算机就与康柏（COMPAQ）等公司结成了联盟。微软公司的一

些主要竞争对手如国际商用机器公司IBM、大智公司,特别是网景公司也都借助与苹果计算机的合作来和微软明争暗斗。因此微软公司仍不敢小看苹果计算机与其他大软件公司的合作,他们一旦取得某种突破,势必会造成一定的市场冲击,影响到微软公司的经营业绩。若及早将苹果计算机拉到微软这一边,就可以减少对微软的不利影响,提高微软公司的经营安全度。

另外,比尔·盖茨还考虑到了法律方面的规定。美国《反垄断法》规定,如果某企业的市场占有率超过一定标准,市场中又无同类的制衡产品,那他就要面临"垄断"嫌疑的调查。若苹果计算机公司彻底垮了,那么以当时微软公司操作系统软件的市场占有率(约92%),它就要受到美国司法部门和联邦贸易委员的垄断调查,若真那样,微软公司要为这场诉讼付出的费用将远远超过他向苹果计算机让出的市场利润。

另外,如果苹果真的消失,大批的麦金塔爱好者们也将纷纷投入到微软的竞争对手阵营里。反之,若把苹果计算机拉过来,两者操作系统软件相加就差不多占领了全部个人计算机市场,在这种情况下,微软与苹果计算机的软件标准实际上就成了整个行业的标准,别人只有跟着走的份了。而当时微软实力大大超过苹果,因此它也可以左右

Chapter 5 产品定位,抢先嗅出商机

局势,不必担心受到苹果计算机的牵制,因此保留苹果计算机公司显然是对微软有利的。

这一仗果然造成两大龙头双赢的局面,也证明了唯有掌握市场脉动,才会是市场最大的赢家。

识在人前，走在人前

机会总是青睐那些有准备的人，准备得多一些，属于你的东西就会多一些。

思想引导人的行动，有先发制人的思想，才能有先发制人的行动。所谓：识在人前，才能走在人前，但有识无胆，纵使识在人前，也必然落在人后。"先发制人"的招数，也须以胆识为基础。

台湾过去首屈一指的大企业家王永庆所获得的成就，正是因他有"识在人前，走在人前"的过人之处。在50年代初期，台湾的塑料工业还很落后，全世界塑料工业也正处于发展初期。王永庆却看到了发展塑料工业的远大前景，于是他毅然说服美国开发中心办事处，借贷了68万美元，筹建塑料厂。

从此，白手起家的他，四处招揽人才、筹措资金、开发新技术、开拓新市场，呕心沥血，全力以赴，短短二十几年，产品由塑料工业扩展到石化工业，市场由台湾扩大到世界各地。

现在台塑早已是一家大型跨国企业，其分公司遍布世界十几个国家和地区。王永庆所留下的资产也十分可观，

Chapter 5 产品定位，抢先嗅出商机

世人至今仍称他为台湾永远的"经营之神"。

SONY董事长盛田昭夫也是因采取"先发制人"战略而取得成功的。这具体体现在他的公司守则"誓做开拓者"上。"开拓"就是钻研、开发、创新之意。SONY也一直本着这种精神，求新、求变，不断推出超越竞争对手的新产品，因而能从默默无闻的小企业发展到日本家电业界的权威，及至成为国际知名的品牌。最近甚至推出防水、防摔、照相高画质的智能型手机，重新抢占国际市场、创出亮眼成绩，这就是SONY不断创新的最好证明。

SONY能不断进步，不断壮大，这与盛田昭夫"识在人前"的想法和采取"识在人前"的行动有关。他的经营理念是："基本上应按市场需要来制造产品，但有时也需根据产品的性质来迎合市场。"正是基于这种想法，在他的努力下，SONY系列产品质量不断提高，成本不断降低，使得当时录像机开始在学校和家庭之间流行起来，打开了销路，市场占有率也不断上升。

反观当年，在SONY决定发展家用录像机时，由于正逢石油危机过后不久，同行们还嗤笑这是"盛田昭夫的独角戏"。到了今日，当家用录像机不只在日本，而且在世界各国的家庭登堂入室，大为畅销的时候，曾嘲笑的人不免瞠目结舌，不得不被他的雄才大略所折服。可见了解市

场的需求，绝对是企业成功所必备的条件。

除此之外，韩国的领带大王金斗植也是个因"识在人前，走在人前"而取得成功的典型。在70年代，韩国的领带大部分是合成纤维的，丝绸领带还不到5%，百货专柜、西装店都把丝绸领带定位为高档商品。当时还是经营领带的阿斯公司职员的金斗植，看见外国人戴的丝绸领带既华丽又能显出风度，便向老板提出生产高级丝绸领带的建议。建议被拒绝后，他提出了辞呈，并于1976年10月25日，在一间不到十平方米的地方创业，开了零售领带小店。

他生产的丝绸领带很畅销，生意越做越大。在经营上，他采取多样化、量少和商标多样化的战略，使他开办的克利福德公司不仅在国内营业额领先，且迅速地打入了国际市场。这家公司在当时每年出口和内销的总营业额超过120亿元，居业界之冠。

能先抓住机会的人，会省去很多和对手竞争的时间，这样成功的可能性也就会更大。所谓的先发制人即是这个道理，它绝对会让你在市场竞争中少走很多弯路。

Chapter 5 产品定位，抢先嗅出商机

 人无我有，开发新产品

日本的"东丽"（TORAY，东丽株式会社）原本是一家名不见经传的小公司，但该公司自1971年投资应用新原料的生产之后，已成为世界一流的碳纤维厂商。这与社长伊藤昌寿的经营策略分不开。

东丽公司运用的策略就是不与竞争对手展开正面的价格和同类品种的交锋，而采取"另辟渠道，开发新商品，实行产品差异化"，充分发挥人无我有的经营策略。

东丽从1965年开始研究合纤技术的运用，除了花下巨额经费研究分析合纤这种新原料多元化的应用技术外，还派出大量人员到海外各地进行市场调查，最后将两部分得到的资料进行筛选整理，使之异于同行产品，并确定以发展碳纤维为目标。

不久后，东丽公司的产品逐步被应用到制造高尔夫球杆、飞机制造业、人造卫星天线等方面。1974年，东丽开始创造出不小的利润，接着，东丽公司了解当时录音机、录像机的需求广泛，而生产录像带和磁带所需的多元脂薄膜的需求量增大，这正好充分发挥东丽的合纤技术专长。

因此，东丽又投资生产多元脂薄膜，而成为当时合纤原料的最大供应厂商之一。

　　了解市场需求，开发新商品，实现产品差异化对于公司获利绝对有最直接的影响。

Chapter 5 | 产品定位,抢先嗅出商机

从销货状况做实时的灵活判断

倘若能根据市场变化,在同一条生产线上生产众多种类的产品,不论少量还是大批量产,相信都能同样获得利润。重点是要比对手更快地推出新产品。

花王公司(KAO,花王株式会社)是日本老牌的肥皂和化妆品公司,多年来在销售方面的灵活性让其他同业不断模仿与学习。花王公司拥有的信息系统使公司及其独家拥有的批发中心能在24小时之内把货物送到数十万家店铺中的任何一家。

它的合作伙伴曾说过:"花王公司在一项产品投入市场后两个星期之内,就能知道它是否会获得成功。它知道谁在购买这种产品,包装是否可行,是否要做什么改进。"

花王公司的做法表明,当充分发挥信息的效能时,灵活性也就随之显现出来。在现代商战中,企业家看到的已不仅仅是质量或数量这些表面的问题,他们正面临一场"灵活性"的商业战争。

追求轻薄短小的时代潮流

日本著名的《日经商业》编辑部在《时代的要求：轻、薄、短、小》一书中指出："商品的轻、薄、短、小化是知识与科学的结晶，是千百万消费者之所求，是时代发展的新潮流。"

所谓"轻"就是轻便、精致；"薄"就是厚度小、简洁；"短"就是不大、精干；"小"就是体小、轻巧。概括而言就是小而巧、省材料、省能源，物美价廉，符合当今社会大力提倡的环保观念。这正是当前社会审美观的新思潮，是产品设计的一个时代特征。小巧产品以其精巧、轻便、物美价廉的优越性展现着无穷的魅力。

由奥地利工业设计师波思切（F.A.PORSCCCHE）设计，意大利米兰夏特维尔公司生产的"爵士"伸缩型灯具正是如此。这个产品当它收缩折叠之后，竟可犹如一本书一样大小，微微弧度的灯臂板紧贴着灯座，充满了简洁、亲切的设计感。当消费者在使用时，只要打开灯臂板，逐级抽出灯臂板，一座长达 63 厘米的台灯便展现在面前。

"爵士"灯具收拢摆在桌上时，如同一本平整的书。于是不少人称之为"平如书本的台灯"。"爵士"灯具不论居家使用还是携带外出,均极为轻便。虽然整个灯具造型轻、薄、短、小,然而,功能结构却达到消费者预期的方便、精巧及适用的需求。

设计师在这个产品的设计中,以伸缩结构推出富有新思维的独特形态,在小巧和有限的零件中拓展产品的多功能,获得了消费者对具有诱惑力和新鲜感的产品的青睐,而开创出一个崭新的生活化消费市场。

跨国结盟,利于技术创新

日本富士通公司(FUJITSU)是以生产通信设备、计算机及电子产品为主的公司,是日本首屈一指的综合通信设备公司。富士通公司曾依靠与德国合资之助,从低谷走向顶峰,当然这只是其战略的一部分。

富士通最初是从富士公司分立出来的,而富士电机公司则是日本古河电工同德国西门子公司的合资企业。由于古河电工的英文名第一个字母是"F"(该公司现名古河电器工业公司,FURUKAWAELECTRIC),西门子公司(SIEMENS)在日文中有个字母发音为"J",将二者结合便成为FUJI,即"富士"。因此,这家合资企业名为富士电机公司。

后来,富士电机公司中的通信设备部门分离独立出来,专门从事通信设备的制造和销售,即是富士通株式会社。富士通从富士电机日德合资企业中分立出来以后,继续从西门子公司引进技术,生产电话和电信交换设备。

从70年代开始的国际化时期起,富士通公司开始跨国经营,在海外建立分公司。在高手如林的全球跨国企业中,富士通的营收不断上升,证明公司重视市场的经

Chapter 5 产品定位，抢先嗅出商机

营策略正确。

对一个技术起点较低的企业而言，合资有利于在较高的技术平台上发展：富士通公司的诞生，可以说得益于日德合资企业。富士通初期的发展与强大壮，则是得益于德国西门子技术。显然，富士通经历可说是日本企业与外国跨国公司合资，引进外国先进技术，迅速成长壮大为跨国公司的一部发展史。

另外，富士通的"技术创新"则是其发展的动力。富士通积极推动研究与开发、注重技术创新，"高度的可靠性和超群的创造性"是公司的口号。富士通公司在日本国内外设立了许多个研究所，每年投入大量资金用于研究与开发，获得最新技术。由此可看出，唯有针对市场需求，不断地进行技术创新，从市场面切入，才能获得最大的利润。

分散对手注意,异军突起

美国广播公司(ABC)、全国广播公司(NBC)和哥伦比亚广播公司(CBS)是美国广播电视行业的三大巨头。当默默无闻的泰德·透纳准备在这个行业里分一杯羹,并梦想着有朝一日能"四分天下"时,其实他已悄悄制定了进攻策略,以求出奇制胜。他一方面制造一种"透纳的亚特兰大电视台实力弱小"这种假象给对手,另一方面却不断积累实力和资金。

因此,亚特兰大电视台一开始公布的经营方针是不涉足新闻制作,只制作生活娱乐节目。这个策略意味着亚特兰大电视台的地位低下,经济实力也很弱小,似乎无意与台面上的公司一决雌雄。而当时大型广播公司都热衷新闻制作,耗资巨大的新闻制作展示着公司的实力,与广告收益相辅相成,也代表着节目的一定收视率。

1973年,透纳做出了一个惊人的决定,以高价买下亚特兰大的勇士棒球赛转播权!虽然代价高昂,但透纳醉翁之意不在酒,他是要以棒球赛为契机,建立起有线电视系统的亚特兰大勇士网络,开发和占据这一颇有潜力的空白地带。透纳清楚地知道,他即将拥有一批忠实观众了,因

Chapter 5 | 产品定位，抢先嗅出商机

为许多小型电视台由于费用太高而不愿转播此类节目。

透纳靠电视台来赚钱，但他的另一个憧憬是建立有线新闻网，这是要赢得有更为深远意义的东西——在人们心中的威望，这将是这场旷日持久的争夺战争中最为关键的一步。透纳深知，三大巨头这一次不会再视若无睹了，他们马上会对他的经营状况展开全面的调查。

三大公司通过详细而精密的调查，最后认为透纳的冒险计划不可能起步，即便起步也会很快夭折，因为节目将达不到一般水平，资金亦会消耗殆尽。

但当那个时该到来时，谁也不明白透纳是怎样筹措到这一笔巨额资金的！有线新闻网（CNN）不但正式开播，而且收视潜力颇佳。

另外，透纳在人才问题上也下了一番苦功。他将新闻明星丹尼尔·萧尔及美国广播公司中出类拔萃的华生、法默、萧伯纳和齐默曼都"挖"了过来加入CNN的新闻阵容。

但随着透纳的不断胜利，三大公司开始向他发动了一系列的进攻，进攻的重点便是网络电缆。透纳受到了异乎寻常的压力，电缆经营商要求透纳降低转播费用，亚特兰大总部又闹起罢工潮，要求增加工资。透纳没有时间计算自己的经济损失，也没有时间来舔伤口，他只能战斗，否则只能破产。

这时，出现在透纳面前唯一的机会，也是最好的机会，就是再另起一个新闻频道。早在一个多月前，透纳就已经知道了美国广播公司关于增设新闻频道的事，透纳决定抓住这个机会。

如果听任这件事出现，市场就会饱和，有线新闻网的广告收入可能下降58%。而当时市场只能容得下一个有线新闻系统，二鸟争食，谁也别想获利。经过一连串的努力，新闻频道终于领先了，有五十多家电视台购买了这个频道的节目。透纳终于实现了梦想，与三大广播公司并驾齐驱。

经营媒体事业要想成功，除了硬件设备与人才外，最重要的就是广告与营销。以棒球赛为营销契机，吸收更多的观众，实现更多的周边效益，是亚特兰大电视台迅速开拓市场的最有效的方式。

Chapter 5 | 产品定位，抢先嗅出商机

新颖设计，重新抓住消费者需求

在过去，美国和瑞士的手表厂商称霸全球的手表市场。美国的宝路华（Bulova）钟表公司和瑞士的浪琴（Longines）钟表公司可说是中级品市场的顶尖厂商，而较低价位的产品市场则被美国的天美时和德州仪器所占据。

1969年，日本的精工社所生产出的精工表（SEIKO），开始逐鹿高利润的手表市场。在日语中意即"精密"的精工社，推出一款新的石英表之时，充满着席卷市场的自信。

精工社看出瑞士和美国的厂商都具有一种倾向，那就是在这瞬息万变的世界里，他们在手表和挂钟的设计上，仍旧不注重整支手表的外观设计。

精工社认为手表不只是用来看时间的工具，而应该是一种展现个人独特品位的商品，手表的外观就等于是"脸"，代表着整只手表的设计与品味。因此，应该以令人赏心悦目的设计和独特的款式来吸引消费者。

精工社从飞机和跑车的仪表板形象中得到启发，采用了"仪表板型"造型。其基本观念是，不论制成数位型、新的类比型及电子机型的手表，凡是能使注意力集中于表面的"特殊功能"，都值得开发与采用。

通过多样化的设计，精工社开始包围美国和瑞士手表的市场，他那独特的设计款式大受消费者的欢迎，因此顺利打开市场。

精工社对价位从 65 至 350 美元不等的中等价位产品设计出多种不同的款式并投入市场。精工社甚至为偏爱机械式手表的人士特别设计了数位显示表、计时器（Chronograph）及超小型计算机等各种款式，甚至以遥控操作的电子手表也有，满足了消费者多变的实用需求。

当然，最重要的焦点还是放在新颖的设计之上，当具设计性的新款手表一上市，立刻就以较低廉的价格、新颖独特的设计、多种实用功能吸引了大批的消费者，在手表市场上占下一席之地，并转而开始进入高档手表市场。

精工社由于具备敏锐而独到的眼光，借由精美设计、降低成本以及普及的销售网，迅速地把握了流行趋势和市场需求，攻占了手表中各个价位的产品市场，让竞争对手感受到不小的竞争压力。

Chapter 6
利用名人魅力,广告效果加倍

利用名人作为品牌代言人的广告表现形式,是一种借势营销策略。利用名人所具有的优势来推介产品,能快速提升产品的知名度,促进产品的销售,实现快速营销的目的。请名人代言已成为许多企业攻克市场的一个重要手段。

以公益之名刺激销量

1983年,美国运通公司曾发起一次为"修复自由女神像"筹资的活动,这是一场在美国全国境内进行带有慈善性质的公关销售活动。

当时美国运通公司大肆宣扬,告诉消费者,凡持有该公司信用卡者每购买一次物品,它便捐助1美元给"自由女神像"修复工程,另外,每多一位申请该公司信用卡的新客户,它便再捐助1美元。

最后,该公司为"自由女神像"修复工程筹措了170万美元的费用。同时,使用和申请美国运通信用卡的人数也随之激增。

后来,该公司对运通信用卡的使用者进行电话调查,得到的结果是受调查者全部了解这一项广为宣传的营销活动。甚至不少人表明,之所以接受运通公司的推销办卡,是为了替修复女神像尽一份心力,以及帮助美国运通公司成就这一桩"公益事业"。

美国运通公司这招以"自由女神"为名的营销方式,果然使得原本停滞的信用卡销量激增。

国际影星让商品看来更可口

1994年,曾因主演电影《苏洛》而风靡世界的法国电影明星亚兰德伦首次到日本访问,这件事引起了日本乐天口香糖公司经理辛格浩的重视。

刚巧,此时"乐天口香糖"正值销售疲软、资金周转不灵的时期。辛格浩决定利用此机会大做广告。经过一番苦思,他通过各种渠道热情邀约,终于邀请到亚兰德伦来到厂里参观。

这一天,公司所有高管都站在厂门口列队欢迎亚兰德伦的到来。在辛格浩的精心安排下,五六个怀揣小型录音机的职员充当接待人员,寸步不离亚兰德伦左右,同时还聘请了摄影师把参观的过程全都拍摄下来。亚兰德伦一一参观了配料车间、压制车间,最后来到包装车间。在车间里,亚兰德伦尝了一块巧克力口香糖,随口说了一句:"我没有想到日本也有这么棒的巧克力……"这出于客套的一句话,却被欣喜万分的陪同职员给录了下来。

从当天晚上开始,电视上天天出现一则十分引人注目的广告:亚兰德伦笑眯眯地尝了一块巧克力口香糖,嚼着说道:"我没想到日本也有这么棒的巧克力……"这则广告立即像磁铁一样吸引了日本成千上万的亚兰德伦影迷，大家纷纷争先恐后地购买这种巧克力口香糖。很快的，所有商店的乐天口香糖都大卖到缺货，连库存也都一扫而光。

这就是借国际知名影星之势，利用某种氛围、某种趋势或某种外力，顺风扬帆，顺路搭车，实现自己的计划，达到美名远扬的目的。

Chapter 6 | 利用名人魅力，广告效果加倍

 善于形象包装，创造媒体效应

少年时代的大卫·葛芬是个穷光蛋，靠母亲经营小店为生。因为从小家中环境的缘故，葛芬对如何做生意可以说是相当了解，他也立下志向，一定要靠自己的智慧与努力，赤手空拳闯出一番事业来。

辗转奔波几年，葛芬积累了丰富的经验和商业技巧。他发现在唱片业发展有利可图，但苦于囊中羞涩，该如何是好呢？于是他便终日混迹于娱乐圈中寻找机会。一次偶然，他认识了民歌手罗拉尼洛。

在此之前，罗拉尼洛演唱的歌曲已颇受欢迎，但她台风极差，上不了台面，因此，她的歌唱事业并不如意。葛芬看准了这一弱点，决定加以利用。于是，葛芬便主动邀请罗拉尼洛合作，共创金枪鱼音乐公司。条件是这样的：罗拉尼洛的歌曲版权归公司所有，公司则负责为罗拉尼洛包装和推销。

签好合作协议之后，他将罗拉尼洛的歌曲夹在如芭芭拉·史翠珊等当代大红大紫的歌星唱片中，制作完成后四处推销，就这样，大大提高了罗拉尼洛的身价。光这一个方式，就让葛芬赚到了大钱。1969年，葛芬决定将金枪鱼

音乐公司卖掉,赚取现金450万美元,他与罗拉尼洛各分得225万美元。

有了钱之后,手头宽裕的葛芬再接再厉,以求更上一层楼。他成立唱片公司,包装了一批歌手,利用媒体所带来的效应让他们迅速地大红大紫。在捧红了几批歌星之后,1972年葛芬决定将公司卖给华纳公司,要价700万美元。之后,他离开了唱片界一段时间。

1980年,葛芬卷土重来,创办了葛芬唱片公司。刚开始时,唱片公司屡遭挫折。直到1990年,终于时来运转,他手下的"枪与玫瑰"乐队走红,葛芬唱片公司顿时身价百倍,成为一家独立的大唱片公司。

"三分靠相貌,七分靠打扮",倘若有恰如其分的包装,丑小鸭也能变成天鹅。葛芬正是借包装歌手突出重围,闯出一片天地。

葛芬从事歌星包装业之所以能够成功,原因是多方面的,在操作策略上,他主要着重几个方面:

其一,葛芬对消费者的需求十分熟悉,他能根据消费者的动向做出判断,制定出极富创意的决策。

其二,葛芬训练歌手的方式十分符合现代管理学,他知道如何鼓励他们为公司全力打拼。

其三,葛芬能充分利用所在的环境,他适应好莱坞的

Chapter 6 | 利用名人魅力,广告效果加倍

生活,摸透了好莱坞的节奏,并充分发挥它的价值。

以上三个策略都是葛芬的独到之处,值得那些没本钱却想发大财的人好好学习、揣摩。

连第一夫人也喝的饮料

中国健力宝饮料集团也曾利用美国总统夫人让自己的产品大出风头。

当时《纽约时报》刊登了新任总统克林顿的夫人希拉里举起该饮料饮用时的彩色照片,站在希拉里身旁的是美国第二夫人吉尔夫人——而与照片同时刊登的则正是介绍该饮料的一篇文章。对于任何一种商品来说,这都是营销上莫大的成功。

某天晚上,克林顿的助选大会在纽约港湾的一条豪华游艇上举行。在大会开始前两个小时,该饮料集团美国有限公司总经理就和公司工作人员一起到达了码头,他们带去的不仅是对竞选的热情支持,还带了饮料和照相机,以及对"外交"事务所需要的耐心与细心。

健力宝饮料集团总经理一行人通过了严密的检查,然后在游艇上详细勘察将要与会的希拉里夫人所将经过的路线,确定了希拉里夫人可能会停留的位置后,再选定最佳的拍摄角度。

晚上六点三十分,希拉里夫人和吉尔夫人在大批保安人员的簇拥下登上了游艇,按照惯例,他们首先来到游艇

Chapter 6 利用名人魅力，广告效果加倍

大厅会见当地名流和相关的重要客人，当她们与站在纽约市政府代表旁边的饮料集团公司高层人员握手时，纽约市政府的美国朋友同时也向两位夫人介绍这是著名的健康饮料，而总经理则及时向两位夫人敬上一杯。

就在两位夫人笑盈盈地举杯饮用该饮料时，早已等候多时的摄影师急忙频频按下快门——于是，该品牌健康饮料与希拉里夫人就一起被拍摄了下来。

这个冒险却又抓准时机的举动，最后果然替该饮料集团打开了知名度，也广开了财源。

为明星提供服装,增加曝光率

巴黎各大高级时装公司每天都在电视上做"活广告",却不需花费大笔的广告费用,为什么呢?原因是这"广告"就穿在每一位节目主持人与来宾的身上。

活跃在法国电视台上的明星们身上穿的时尚华服,几乎全部被巴黎的时装公司承包下来:有"歌坛夜莺"之称的女高音米海依·玛提厄出现在电视晚会上,必定身着皮尔·卡丹(Pierre Cardin)的最新款式礼服;名声远播的女明星莎扎尔喜欢穿圣罗兰(YSL)的套装来主持电视新闻节目;知名女记者安娜·辛格莱尔则由巴黎最负盛名的迪奥(Dior)公司为其提供出场的礼服。男明星们也不例外,最受欢迎的电视新闻节目主持人巴提克·晋瓦纳在主持大型谈话性节目时所穿着的,正是Lanvin公司推出的潇洒新款套装……

几乎法国所有高知名度的电视明星都有固定的时装公司为其设计和制作服装,而巴黎多家著名的时装公司也都有专门的一笔预算,为明星们制作服装。甚至还有些公司派出公关人员四处打探、寻找刚开始走红的新秀,想为之提供服务。

Chapter 6 利用名人魅力,广告效果加倍

　　时装公司对电视明星们如此慷慨,当然不是没有目的的。对服装公司来说,只要主持人与明星在节目中向观众提及一句自己的服装是由谁提供的,或是将衣服的美丽展示到极致,这就已经足够了。

　　例如2009年时,美国总统奥巴马的夫人米歇尔,在总统就职典礼上以一席端装高雅的礼服艳惊四座,也因此捧红了吴季刚的品牌服饰。

　　另外,很多电视节目也会在结束时,会特别注明某公司提供了本节目服装赞助等感谢字样,这也等于是替服饰公司做了最棒的形象广告。

总统金口带来广告形象效益

某出版商有一批印量过多的新书,久久不能脱手。

有一天,他忽然想出了一个绝妙主意:"不如送一本书给总统吧!"于是他三番五次去总统府寻求意见。忙于政务的总统不愿意与他纠缠,便回了一句:"这本书不错。"

终于得到总统金句的出版商,便以此大做广告:"总统推荐书,不可不看!"于是这本书的销量大增,立刻被抢购一空。

不久,这个出版商又印了一批新书,并再度送了一本给总统。

总统上回上过一次当,于是想奚落书商一顿,他说:"这本书实在糟透了!"出版商听后脑筋一转,又以此大做广告:"这是一本总统讨厌的书。"这下,又有不少人出于好奇争相抢购,书又售尽。

第三次,出版商将书送给总统,总统吸取前两次的教训,便不作任何答复。

想不到出版商却仍然做广告:"这是一本连总统都难以下结论的书,欲购从速。"于是书居然又被抢购一空,

Chapter 6 利用名人魅力，广告效果加倍

令总统哭笑不得。

出版商想出来的这个方法，虽然是"歪门邪道"，但却是个善用名人做推荐的成功营销术。

小商品靠媒体创造大利润

日本东海精品公司的新田富夫总裁，是经营打火机业务的，打火机是种简单的小产品，售价就像商品本身一样不起眼，利润也不高，所以他的产品销路与业绩一直都不好。

在70年代的一个晚上，他在看电视节目时得知一个消息，说当时世界拳王阿里将要进行一场世界顶级挑战赛，届时全球一百多个国家将会现场直播。当下他灵光一闪，惊觉到自己的打火机之所以打不开销路，主要是因为牌子不出名，广大消费者不认识自己的打火机品牌所致。

他反复思考后，决定不惜一切代价，要在拳王阿里比赛时播出自己的电视广告。通过联系，他得知要在这场比赛中播出两次广告，要耗费五千万日元，这是多么大的一笔开支啊！几乎等于当年该产品的全部营业额。

但新田富夫毫不犹豫地砸下巨资，做了这次广告。

结果，效果非常明显，因为当时全球有千千万万的观众在收看这场世界顶级拳击比赛，在比赛中间插入广告，而且是出现两次，使得人们对他的打火机品牌有了一定的认知，特别是日本的观众，意识到这个牌子能与世界级的

Chapter 6 利用名人魅力，广告效果加倍

比赛相提并论，因此，大家开始愿意购买这种抛弃式的打火机，也因此，一下使东海精品公司的打火机由销售平平变成十分畅销，直至要不断扩大生产才能满足需求。

新田富夫尝到了广告的甜头，之后便经常在各种世界高知名度的重大比赛期间做广告，使其销售额继续往上攀升。据统计，他每年花的广告费高达八亿日元，平均占其营业额的8%左右。后来，这种打火机果然成为一个知名品牌，占据了绝大部分的日本打火机市场，并远销世界一百多个国家和地区。

抛弃式打火机的价钱只有两盒火柴那么多，对于这么小的商品与微型利润，原本是没有多少人注重的，但是，日本的东海精品公司却把这小小的商品做成大生意，引起世界瞩目。该公司从制造这种打火机到大量生产销售，仅仅用了15年时间，并获得了十分丰厚的利润。

白兰地进入白宫，打开美国市场

法国的白兰地酒在法国国内和欧洲地区畅销不衰，但总是难以在美国市场大量销售。为了要占领巨大的美国市场，白兰地公司耗资数万元去调查美国人的饮酒习惯，制定出各种推销策略。但因促销手段单调，结果总是收效甚微。

这时有一位叫克林斯的营销专家，向白兰地公司总经理提出一个推销妙法——在美国总统艾森豪威尔67岁生日之际，向总统赠送白兰地酒，借机扩大白兰地在美国的影响，进而打开美国市场。

白兰地公司总经理采纳了这个建议。公司首先向美国国务卿呈上一份礼柬，上面写道："尊敬的国务卿阁下，法国人民为了表示对美国总统的敬意，将在艾森豪威尔总统67岁生日那天，赠送两桶窖藏67年的法国白兰地酒，请总统阁下接受我们的心意。"然后，他们把这一消息在法美两国的报纸上连续登载数天。这下子，白兰地公司将向美国总统赠酒的新闻成为美国千百万人街谈巷议的热门话题。

赠酒那天，白宫前的草坪上热闹非凡。四名英俊的法

Chapter 6 利用名人魅力,广告效果加倍

国青年身着法国宫廷侍卫服装,抬着礼品缓缓步入,人群中顿时欢声雷动,总统的生日庆典似乎变成了法国白兰地的欢迎仪式。

从此以后,争购白兰地的热潮在美国各地掀起,一时间,国家宴会、家庭餐桌上都少不了白兰地。白兰地挟胜利之姿进军美国市场后,公司的收益果然也大幅增加了。

名人光环,打开知名度

巴黎城郊有一家餐厅,虽有上等美味佳肴,但前来用餐者却寥寥无几,老板为此伤透了脑筋。

某一天,著名的音乐指挥家斯托科夫斯基偶然来到这家餐厅吃晚餐,老板大喜,于是用最好的服务和最低的收费款待他。指挥家用完餐后问:"你为什么这样热情款待我,我又不是付不起钱?"

"我非常热爱音乐,"老板大声说,"为了音乐,我可以牺牲一切。欢迎您一日三次前来用餐。"

斯托科夫斯基受宠若惊,非常感动地走出餐厅。这时,他突然发现老板已迫不及待地在橱窗里竖起一块牌子,上面写着:"请每天来本餐厅与伟大的音乐家斯托科夫斯基共进美好的早餐、午餐与晚餐。"

只要有名气,没有人不愿意来一窥究竟,也自然不愁没有顾客上门了。

Chapter 6 | 利用名人魅力，广告效果加倍

 连环累积印象，广告效果加倍

兰丽化妆品公司在刚开始推销兰丽系列化妆品时，利用合乎消费者心理规律的累进广告印象，针对一个个主要的客户与目标市场，逐渐打开了自己的销路。

公司第一次为兰丽绵羊霜做广告时，广告标题中有七个字："只要青春不要痘。"这句话一下子抓住了少女们的心理。画面上的女子以扇遮面，只露出两个眼睛，状似羞俏，但消费者其实深知，广告中的女孩是因为有"遮不住的烦恼"。这个广告深深抓住了年轻客户层想要对抗恼人面疱的迫切需求。

不久，他们又策划出了新的兰丽绵羊油广告，他们告诉孕妇："从怀孕的第三个月开始，早晚使用绵羊油，按摩腹部及乳房，能预防妊娠皱纹的产生及乳房下垂。"人们又一次了解了兰丽系列化妆品所带给她们的神奇效果。

一个月之后，第三则广告诞生了，画面上的家庭主妇忙碌地送丈夫上班、孩子上学。广告告诉所有的主妇："冬天风寒，防止肌肤粗糙干裂，外出及睡眠前使用绵羊油按摩，尤其擦在嘴脸、手脚、足踝等特别容易干裂的部位，可以让肌肤免受寒风的伤害。"兰丽化妆品又再一次成功

传达给消费者有效的讯息——使用了兰丽产品，能时时刻刻享受到母亲与妻子般的关爱。

又过了一阵子，第四则广告再度出现了。一位如祖母般的人在广告中诉说："我现在唯一的遗憾，是脸上的皱纹多了些。假如能回到25岁前，我一定会更注意护理皮肤，常用绵羊油。"这个广告提醒消费者，女性从25岁开始，皮肤逐渐走下坡路，如果这时注意滋润营养肌肤，就能防止肌肤衰老，保持肌肤光泽与弹性。兰丽告诫人们，这是前车之鉴。这则广告在母亲节时强力播放，劝告消费者不要迟疑，快快买兰丽产品送给母亲，作为关怀母亲的孝心。

不论是谁，在这一波波广告的强力攻势下，都不可能置若罔闻。只打一两次广告，效果可能不会太好，但经过一番宣传，人们无疑会牢牢记住"兰丽"这个品牌，这也就是广告中常使用的"连环推销法"。

Chapter 6 | 利用名人魅力，广告效果加倍

赠品营销法让电影红遍海外

电影《红高粱》造就了一代影星巩俐，也使张艺谋的名字家喻户晓。除了影片本身拍得有内涵之外，用对方式把好片子营销到各地，介绍给不同文化的观众欣赏，也是很重要的一环。

西方电影界十分重视对电影的"包装"，特别是一部巨片的首映会，往往是不惜工本地投入大量人力、物力、财力，只求获得一场令人印象深刻的盛宴。

这部张艺谋所导演的《红高粱》在德国举行首映会时，中国代表团为了让他国友人更了解中华文化，并增添话题性，因此别出心裁地免费赠送每位观众一件红色粗布肚兜——假如读者对《红高粱》不陌生的话，您一定能想象出那种可爱的红色粗布肚兜的样子，肚兜的背后还绣有三个中文字：红高粱。

令中国代表团又惊又喜的是：红色小褂备受其他国家观众的欢迎，电影散场后，他们纷纷把肚兜穿在身上，一时之间，电影院、街头，到处可见"红高粱"三字映入眼帘。没有看过《红高粱》的德国人也争先涌入电影院，期望一睹巩俐主演《红高粱》的风采，并期望也能获赠一件珍贵

的中国艺术品——红色粗布对襟肚兜。

也因此这部电影在德国放映期间的上座一直呈直线上升。

最后,还要告诉各位读者:对襟肚兜的成本只要1.5元人民币!

Chapter 6 | 利用名人魅力,广告效果加倍

 逆向宣传,抬高身价

众所周知,吸烟有害健康。世界上许多国家,都禁止在公众场所吸烟,并且规定不得做香烟的宣传广告。

然而,英国有家烟草公司却在"禁止吸烟"的宣传中大动脑筋,采取欲擒故纵的策略,结果大获全胜,使自己的产品迅速占领了香烟市场。

英国某烟草公司专门生产一种名为"阿巴杜拉"的烈性土耳其式卷烟。为了扩大这个产品的影响力并打开销路,该公司跟地铁公司商定,在地铁列车窗上"禁止吸烟"的字样下面,用括号括写一行小字:"连阿巴杜拉也不行。"

这招似乎也是在警告人们"吸烟有害",吸"阿巴杜拉"香烟也同样有害,但它却反而引起众多"瘾君子"对这个牌子卷烟的青睐。因为这"弦外之音"反而为其抬高身价,让它更为消费者所看见,赢得更大的市场。

市场诡谲千变万化,商品竞争异常激烈。如今,不少商品已从卖方市场转变为买方市场,如果仍然沿用"坐等"的传统方式销售,其结果必然是"束手待毙"。

"名人效应"让滞销商品畅销

随着市场消费的变化,商品由滞销转畅销,或由畅销转滞销,都是十分正常的销售周期。然而有些商人绞尽脑汁,注意着那些滞销商品,以低价买进,透过精心策划之后,再以高价售出。

某天,开布料行的萨耶下班回家后,看见桌上放着一块布料,他知道这是妻子新买的,顿时觉得既诧异又生气。因为这种布料放在自己的店里都卖不出去,妻子干吗还去买别人的呢?

妻子任性地说:"我喜欢嘛!这种衣料不算太贵,而且花色款式都是目前最流行的呀!"

萨耶叫起来了:"我的天!这种衣料从去年上市以来,一直都卖不出去,怎么会是最流行的花色呢?"

妻子坦白说:"但这的确是今年游园会上最流行的花式款式呀!"

妻子还告诉萨耶,在游园会上,当地社交界最有名的贵妇瑞尔夫人和泰姬夫人都穿着这种花色的衣服。

原来,另一家布料行的老板送了两块布料给瑞尔和泰

Chapter 6 | 利用名人魅力，广告效果加倍

姬夫人，不但在她们面前拼命赞美这些布料做工精美，穿在她们身上有多么好看、多么雍容华贵，还鼓吹她们应该引领最新的服装潮流，尽量穿到公众场合让众人欣羡。最后，还请了当地最有名气的时装设计师来为她们量身裁制新衣。

于是到了游园那天，这两名贵妇果然穿着以那款布料裁制而成的新衣服出席，并且出尽了风头。游园会结束后，许多妇女都收到一张宣传单，上面写着："瑞尔夫人和泰姬夫人所穿的新衣料，本店有售。"

萨耶听完后惊讶不已，不得不佩服另一家布料行老板的销售手腕。

第二天，萨耶找到那家店铺，只见人群拥挤，每个人都争先恐后地抢购布料。等他走近一看，才知道这家店铺比他想象的更绝，店门前贴着一行大字："今日衣料已售完，明日新货到。"那些向隅的消费者唯恐明天买不到，都纷纷在预付订金。店员们还不断地说，这种法国衣料因原料有限，很难充分供应。

萨耶知道，这种布料虽然确实进货不多，但并非是因为缺少原料，而是因为销路不好，没有再继续进口。看到这个商人如此巧妙地利用缺货来吊顾客的胃口，萨耶打从

心里佩服。

　　布料行的高明之处就在于他善用名人效应，并在事后故意制造紧张气氛，于是终能化滞销为畅销，手法十分高明。

Chapter 7
抓准消费心理，激起购买欲

懂得营销的高手，一定要深谙消费者心理学。精明的商人必须能抓准顾客追求新奇、追求实用、简便求快、追求名牌价值、担心匮乏等种种心理。每一种心理状态都有可能导致其购买行为的不同。

商家若能及时掌握消费者的各种心理状态，就能制定出最巧妙的营销策略，让消费者心甘情愿地掏出钱包，从而获取更大的利润。

抓准消费者渴求心理，塑造商品抢手形象

人们都有一种心理：商品供货越吃紧，购买者就越多；商品越充足，便越乏人问津。有些商人正是看准了这一现象，开始人为地制造供货不足的紧张现象，以达到促销效果。

经营名牌皮箱的法国路易·威登公司早期仅在巴黎和威尼斯各设一家专卖店，在国外的分店家数也不多。这并不代表其业绩不好，反而是严格控制销售量之故，他们人为地制造供不应求的紧张气氛，即使客户要货量再大，也不予理会。曾有一名日本顾客八天内上门十次，每次都提出要买五十个手提箱的要求，但售货员都声称库存已告罄，每次只卖他两个皮箱，这反而让客人天天上门询问新货到了没，赢得了销售上的巨大成功。

相反的例子，有家经销商起初把购入的二十台洗衣机全部放在门市上陈列，几天之内询问者不少，但却仅售出一台。后来，他们参照这种"匮乏战术"，把大部分洗衣机都先搬到仓库，门市上仅摆出两台，其中一台挂上"样品"的牌子，另外一台则挂上"已售出"的红纸条，很快就制造了一种热销的心理给消费者。一些原本犹豫不决的顾客，

Chapter 7 抓准消费心理，激起购买欲

此时反倒购买欲望激增，结果二十台洗衣机不到一周就卖完了。

为什么制造紧张的销售法会如此成功呢？那是因为人们有一种预期心理，当货源充足、商店里随时都可以买得到时，那么即使是很需要的商品他们也不愿意立即买回家。这是因为等待、观望、懒散的个性在作怪，总觉得反正店里还有很多，今天没买、明天再买也来得及，并不需要积极行动。

另一种就是与之相反的念头了。当某商品出现货源不足的紧张气氛时，或是听说今后可能不会再有了，或是今后厂商要计划限量供应了，一旦这样的消息传播开来，不管是否急需要这种商品，消费者都会涌进店里，将商品抢购一空。

利用消费者捡便宜心理，折扣商品狂销

在这个用数字组合的消费世界里，常会有不少让人拍案叫绝的销售策略藏在其中。打折正是一种大玩消费心理战的销售策略。

消费者常会发现在一些商店门口挂着这样的牌子："店内商品一律九折。"有些店家甚至会将折扣定到八折、七折。到底店家有没有先把价格提高，再用打折的方式来吸引消费者这另当别论，但只要人们一看到打折的牌子，总免不了想进去瞧瞧热闹。打折这种促销活动可以刺激消费，因为人们总是有一些捡便宜的心理，这绝对是毋庸置疑的。

1973 年 7 月，东京银座的绅士西服店开始进行一折的促销折扣活动，此举让东京的消费者大为吃惊；第二年东京的皮鞋店有六家商店也加入到一折的销售行列。原本打七折、六折的拍卖活动是常有的事，不会有人大惊小怪，然而打一折在当时却是前所未闻的。这种销售法确实不能赚到钱，但它的意图是潜在的更大利润。

这种销售策略是先定出打折销售的期限：第一天打九

Chapter 7 抓准消费心理,激起购买欲

折、第二天打八折、第三天和第四天打七折、第五天和第六天打六折、第七天和第八天打五折,第九和第十天打四折,第十一天和第十二天打三折,第十三天和第十四天打两折,最后两天打一折。

这样顾客只要在这打折销售期间选定自己预计的时间去买就行;若想要以最便宜的价格购买,那么只要选在最后几天去买就行了。但是,你想要买的商品可能不一定会被保留到最后的那天。

根据某西服店的经验,头一天和第二天前来的客人并不多,通常到店里也只是看看就空手回去;第三天就开始有一群群的客人光临;到了打六折的第五天,客人就像潮水般涌来开始抢购;到了折扣的最后几天,更是人潮连日爆满,不用说,商品当然是被抢购一空。

这种方法的妙处是能有效地抓住顾客的购买心理,任何人都希望在打两折、一折的时候买到他们所想要的商品,但是顾客所要的商品并不能保证都会留到最后一天。因此,一般人并不会匆匆忙忙的急着买下来,然而,等到打七折的时候,就会开始焦躁起来,生怕自己看中的商品被别人抢先一步买走,错失了大好机会。

正因如此,一般顾客通常会在打七折时就把看中的商

品买下来，顶多撑到打六折时，就会产生不能再等下去的预期心理。根据一些日本商店的销售经验显示，到了打六折时，顾客就会大量涌入，并开始抢购，也反映了顾客的这种心理。而实际上，确实等到打两至三折的时候，剩下来的东西都是有瑕疵或是尺码有些不足的。

再来看看卖方这一边，把折扣销售的商品平均起来，实际上是以商品原来售价五折的价钱售出的。说起来，虽然这种买卖方式没有利润甚至会有些许亏损，但是从存货出清和宣传角度看起来，还是不失为一种成功的促销活动。这种方法比"清理存货大拍卖"的做法漂亮而有效。

该西服店打一折销售的巧妙之处，就在于利用了群体的心理效应。人人都希望能买最便宜的商品，但又都不能肯定自己有机会能买在最便宜的时机，与其让别人买到最便宜的商品，不如自己在货物尚不是在最便宜的、但也有利可图的价位时买下，所以一般商品在六、七折时就会被卖出去。这种做法与一般的打折出售并无区别，但却收到了更好的宣传效果。这种巧妙利用顾客心理进行促销的规划，真是令人拍案叫绝。

打折销售的商品通常不会是当红的抢手货，但有些商店却反其道而行，不论商品新旧都会举办这项活动来刺激人气。基于薄利多销的想法，其实利润从总体上说并不低，并且通过这种促销活动会使商店名声大噪，为商店经营奠定更稳固的基础。

预期涨价心理，囤货销售一空

美国亚利桑那州的一家珠宝店采购到一批漂亮的绿宝石，觉得一定会大卖。但事与愿违，好几天过去，购买者寥寥无几。由于此次采购数量很大，老板怕短期内销不出去会影响资金周转，便决定按之前惯用的方法降价求售，以达到薄利多销的目的。

老板不断思索，是不是价格定得过高，应该再降低一些，究竟要降多少比较好呢？就在此时，外地有一笔生意急需老板前去洽谈，老板来不及仔细思索那批货该降价多少，只好临行前匆匆写了一张纸条留给店员："我走后绿宝石如仍销售不佳，可按 1/2 的价格卖掉。"

由于时间匆促，关键的数字 1/2 没有写清楚，店员将其读成 "1-2 倍的价格"。于是，店员们按照老板的指示贴出了公告："近期宝石价格将上涨，下周开始将上涨 1-2 倍，请消费者欲购从速。"并将绿宝石的价格先提高一倍，没想到购买者越来越多，于是店员又将价格提高一倍，结果宝石在几天之内便被一抢而空。老板从外地回来，见到宝石销售一空，一问所发生的经过，不由得大吃一惊，当知道事实原委之后，店员、老板开怀大笑，这可真是歪打

Chapter 7 抓准消费心理，激起购买欲

正着了。

　　这则事例告诉我们：在定价策略中，低定价、薄利多销是一种策略，但高价有时也是一种制胜策略，这要准确了解、掌握消费者的心理才可一举成功。如男士西服，若定位在中等以上收入的消费者，除了西服质地、做工考究之外，定价适当订高一点，会让消费者认为产品是高档货，反而能刺激他们的购买欲。

　　物美价廉、薄利多销，是一种有效的竞争手段，也符合一般消费者的普遍心理特点。但是高定价策略会让消费者产生预期商品将涨价的心理，也同样地会收到意想不到的效果。

一举多得的顶级定价策略

东京滨松町一家咖啡馆的老板森元二郎是一位善于出奇制胜的人。森元二郎不介意用各种方式来哗众取宠,以达到招揽顾客、扬名天下的目的,可说是一位"销售鬼才"。

这次,森元二郎推出了五千日元一杯的特高价咖啡。消息一出,果然举国哗然,闻者无不为之大吃一惊,甚至挥金如土的富豪们也纷纷讨论这种咖啡的价格:"太离谱了!简直是公开抢劫!"

然而,即便是再荒唐无稽的生意,只要有人做,便会有人如飞蛾扑火一样自投罗网。为什么?其实不过就是好奇心与虚荣心的驱使。因此,东京消费者一边"大骂"森元二郎"这个人一定是个疯子!"一边又情不自禁地蜂拥而来,要品尝一下五千日元一杯的咖啡到底是什么味道。因此,反倒让森元二郎的咖啡馆一时生意兴隆。

森元二郎的鬼点子果然很多,虽然他的想法"哗众",但并非真的占了顾客的便宜。这五千日元一杯咖啡,实际上一点都不贵。因为他的咖啡杯豪华又名贵,是进口世界一流的正宗法国骨瓷杯,每只杯子市售价格就要四千日元。每位顾客享用完咖啡之后,服务生会主动将杯子洗干净,再精心地包装好赠送给顾客,而他的咖啡也是由著名技师现场磨煮,风味香醇独特,加上厅堂装潢得豪华气派,胜似皇宫,还有打扮成如皇宫侍女般的美丽服务生,为顾客细心服务。如此这般的顶级服务,每位抱定豁出去吃亏的心理而来尝鲜的顾客,都会发现自己不仅没有吃亏,而且享受了顶级及最能彰显身份的豪华优质服务,因而来店消费的顾客很快便喜欢上这里了,之后多半还会呼朋引伴再来光顾体验。

森元二郎的招数看似简单,实际上是收一举三得之妙:一则多卖了咖啡;二则兼卖了法国骨瓷咖啡杯,同时使得店里的杯盘常保崭新,每次都是用最光洁、最新、最卫生的咖啡杯来招待顾客,给人以格外礼遇的绝对新鲜感;三则是这些咖啡杯送给客人后,客人都会放在家中当作摆饰,仿佛是为森元二郎的咖啡厅提供了实物广告,每位顾客都不自觉地成了为他招揽下一位顾客的最佳活广告。

逆向操作，丑陋玩具变黄金

美国艾士隆公司董事长布什耐顿某次在郊外散步，偶然看到几个小孩在玩一只肮脏且异常丑陋的昆虫，并争相想要拥有，对之爱不释手。

布什耐顿此时联想到：市面上销售的玩具一般都是形象优美、可爱的，假若生产一些丑陋玩具，是不是会满足其他的消费者呢？于是，他着手让自己的公司研发出一套"丑陋玩具"，并迅速向市场推出。

结果果然一炮而红，"丑陋玩具"给艾士隆公司带来了丰厚的收益，让同行羡慕不已。于是"丑陋玩具"的生产一波波接踵而来，如"疯球"就是在一串小球上面，印上许多丑陋不堪的面孔；橡皮做的"粗鲁陋夫"，长着枯黄的头发、绿色的皮肤和一双鼓胀而带血丝的眼睛，眨眼时又会发出非常难听的声音。

这些丑陋玩具的售价超过正常玩具的售价，但一直畅销不衰，而且在美国还掀起一股营销"丑陋玩具"的热潮。

这"丑陋"的灵感工作之所以获得这么大的商业成功，为艾士隆公司广开财源，其根本原因就是抓住了两种消费心理：追求新鲜和满足逆反的心理。

Chapter 7 抓准消费心理，激起购买欲

 瞄准年轻一族，新款商品畅销

消费者都有一种求异的心理，就是不想要自己和别人相同。特别是年轻人和女性，他们总想着标新立异引人注目，以此炫耀自己的独特或吸引其他路人的目光。

美国福特汽车公司在1964年生产了一种名为"野马"的汽车，由于这种汽车前罩长、后面短，像运动型的车，迎合年轻人爱好运动、追求刺激的心理，第一年销售量就达到四十二万辆，让福特汽车公司赚取了丰厚利润。这正是抓准了年轻族群想要展现自我风格的心理。

迎合消费者的心态是商人们一贯的经营方针，而常见的消费品多以服装、用品为主。当代年轻人喜欢什么，往往就反映在服装上。譬如一件好端端的衣服，在肩上或胸前设计上几个破洞，刻意展现颓废风格，购买的人便多起来；有些人在牛仔裤的设计上大做文章，在膝盖或大腿处剪一刀，仿佛宣示自己桀骜不驯的独特个性，同样上市没几天立刻就风行全球。

少男少女的消费心理是不固定的，什么东西时髦，就追求什么；什么东西新奇独特，就一哄而上、争相购买，精明的商人总是会抓住风潮迎合消费者，只要抓准了顾客追求奇异的消费心理，就能让消费者心甘情愿地掏出钱包。

抓住顶级客户,大卖高档货

曾有家钟表店进了一批售价昂贵的"劳力士"品牌瑞士名表,每支售价几万至几十万不等。进货时店方考虑到价格太贵,怕卖不出去,所以只订购一小批。谁知道,就在手表摆上柜台的当天,就被顾客抢购一空。

钟表店分析了顾客的购买心理,发现了高档商品畅销的秘密。在购买过程中,顾客有年龄、性别、收入、所处环境和社会地位等各方面的差异性,因而呈现出来的购买心理与消费模式也各不相同。

有追求商品实用价值和使用效益的求实心理;有追求商品的时髦、新颖、奇特的求新心理;有追求商品价格便宜的求廉心理;有追求名牌商品的求名心理;有注意商品的欣赏价值和艺术价值的求美心理;有希望购买过程简便、迅速的求快心理,等等,而每一种心理状态都有可能导致其购买行为的不同。

昂贵的劳力士表被抢购一空这个案例,在某种程度上就是顾客的求名心理和自我显示心理发挥了作用。商家应该及时抓住消费者的各种心理状态,从而获取更大的利润。

Chapter 7 抓准消费心理,激起购买欲

 物以稀为贵,创造市场价格

每一位顶级时装设计师都明白这样一个道理,就是自己设计的顶级服饰,一般来说在一个国家或是一个城市不会超过十件,而且不能在同一个城市的商店里重复出售。

这究竟是什么原因呢?答案其实很简单,那就是物以稀为贵,并且满足消费者不会撞衫,希望自己身上所穿服装是独一无二的消费心理。每件服饰若只有十件,最多二十件,量少自然价高。另外,每件时装的价值也反映出设计师的精心设计,其智慧结晶所需付出的高昂代价。因此,这样的顶级服饰价格绝对居高不下,这样昂贵的衣服,穿在身上也才是尊贵身份与地位的彰显。要是满街人都穿着相同式样的衣服,那么就会让人觉得这种服装太普通、毫不起眼,其价值就会大跌。商人们深谙此道,对高档时装自不会成批大量生产,目的就是突出一个"稀"字。

文玩的价格同样也是如此。它的消费对象不是一般人,而是些富豪或达官贵人。越少的东西就越贵,拥有它,就得到一种心理上的满足。某次,一位美国画商看中了印度人带来的三幅画,印度人说要卖250美元,画商嫌贵不同意,因为当时一般画的价格都在100至150美元,画商怎么愿

意多出那么多钱呢？印度人被惹火了，怒气冲冲地跑出去，把其中一幅烧了。画商见到这么好的画被烧了，甚感心痛，问印度人剩下的两幅画要卖多少钱？印度人还是要250美元，画商又拒绝了，于是印度人又烧掉其中的一幅。画商只好乞求道："可千万别烧这最后一幅！"又问印度人愿意卖多少钱，印度人这次改口要求卖500美元，而最后竟然成交了。

　　事后，有人问印度人为什么要烧掉两幅画，印度人说："物以稀为贵，再则，这个美国人喜欢收集古董，珍藏字画，只要他爱上这幅画，岂肯轻易放掉，肯定宁愿出高价也要收买珍藏，所以我要烧掉两幅，留下一幅卖高价。"

　　在市场上常看到商人们利用"稀"字战术做文章，"某商品日后不再进货，请抓紧购买时机，最后一次机会，失去可惜。""某商品售完为止，今后不再生产。"这些销售战术一再刺激着消费者的购买欲，达到快速销售的效果。

"专卖策略"奏奇效

人类永远抗拒不了稀有物品的吸引力,所以,提高物品本身的稀有性,就会使商品较易受到欢迎,相对就可以赚更多的钱。同样的资金用来经营稀有的商品,如果策略得当,可使你原先投入的资金滚出更多的钱来。

在高级服饰的行业中,有一家专门制造妇女针织服饰的公司销量最大,其营业额之高,令其他同行刮目相看。这家针织服饰的公司只负责策划、设计,然后把服装样品交给专门的代工厂制造,再订上该公司特有的商标,交由一家女性用品专卖店来负责销售。

曾有人访问过这家公司的董事长:"为什么您的公司生意这么好,可以赚这么多的钱?"董事长答道:"我们没有工厂,只负责策划、设计,再经由别人制造经销。没想到这些产品一推出,马上受到妇女欢迎,并且总是被抢购一空,不管生产多少,常是供不应求。不过,在时装界出现这种现象,的确不可思议……"

这位专家研究后,认为这家公司的成功,并不在于委托产销的方式,而关键在于一种"专卖策略"。

他们不把商品放到各大百货公司里去卖,只在专卖店里定点销售，这么一来，不到指定的销售点，就买不到他们的商品，自然提升了产品的稀有度。

当然，设计创意的优劣也是重要因素。

将这两个关键因素相加，便是他们的商品广受欢迎的原因，从而创造出了丰厚利润。

免费饮酒带来的商业效益

在商业竞争上,各行各业总是花招百出。例如在餐饮业,有的打折、有的打出不收服务费的方式,还有的免费提供客人饮酒等,这些都是噱头。

过去有一家卖米饭炒菜的店,这家店生意不好,一直赚不到多少钱。老板为这件事很苦恼,后来他想到了一个办法,买通停泊在附近的船只的船长,让他对船员或相熟之人提起这家餐厅出售的洋酒,其价格比市场上便宜一半,替餐厅宣传。人们为了买便宜酒,都会到这家餐厅,顺便也会入内就餐,生意便慢慢好起来了。

可是这办法毕竟不是长久之计,酒从国外运来,每当遇到缺酒时,吃饭的人也就变少了。于是老板想到一个妙招,只要来店里吃饭的客人,每人免费供应一罐啤酒,不会喝酒的人也可以转送给店里其他人喝,但不准带走。他的这一妙招果然灵验,许多喜爱喝酒的人都到他的店里用餐,生意一时之间变得大好。

其实,羊毛出在羊身上,店里虽然提供给顾客喝免费的酒,但在饭菜上这位老板就没有那么慷慨了,店里盛的饭比别的店里少一点,菜价也比别的店贵一点,以此把送出去的酒钱给补回来。

从另一种意义上说，这位老板是先给予后回收，先给人尝一些甜头，让顾客尽情畅饮，到酒一下肚，什么都好说，饭菜贵一些也无所谓了。先投资、后回收，这叫作"舍不得老酒，做不成生意"，真可谓用心良苦。

Chapter 7 | 抓准消费心理，激起购买欲

 看似"赔本"的赚钱买卖

"鱼与熊掌不可兼得，舍鱼而取熊掌乎"，这是一句大家都很熟悉的名言。就经商而言，这也是一种颇有创意的经营方法，也就是先舍弃一部分利益，然后再从中获取更多的利益。这一招运用在做生意时是非常有效的，它使人们在得到小恩小惠的同时，不知不觉被商家赚走更多的钱。

日本已故的松户市市长松本清，曾经是一个头脑灵活的生意人，拥有多家连锁药店。他的药店名为"创意药店"，顾名思义，他的经营手法是相当具有独创性的。

松本先生曾将当时售价12元的药膏，以4元卖出。由于4元的价格实在太便宜了，所以招来了不少顾客上门，让"创意药店"一时生意兴隆，门庭若市。由于他以不惜血本的方式销售药膏，所以虽然药膏的销售量越来越大，但并没有赚钱。奇怪的是，虽然药膏这个产品的利润呈现负数，但整个药店的经营却出现了前所未有的盈余。

因为，前往购买药膏的人几乎都会顺便买些其他药品。其他的药品当然是有利可图的，借着其他药品所带来的利润，不但弥补了药膏的亏损，同时也使"创意药店"的生

意做得有声有色。

　　松本事业的成功，在于他能够明确地掌握消费者想买到价格最划算的商品，和习惯一次购足的消费模式。同时，由于他将药膏卖得异常便宜，让人信赖这家商店的商品定价是合理的，所以顾客买了该种药膏后，都愿意顺便多买一些其他药品备用。所以运用这种营销手法时，若能再特别针对顾客的心理、习惯，并对其他商品种类的进货与定价，进行更合理的安排与配置，相信一定能如"创意药店"一样生意蒸蒸日上。

Chapter 7 | 抓准消费心理,激起购买欲

赠品促销奏效,带动商品销售

为了刺激消费者的购买欲,商家往往会采取多种优惠手段来吸引顾客。美国有一家油漆店,开业之初生意并不理想,老板特利斯克为了吸引顾客上门购买他的油漆,想出了一个主意。

他先做了一次市场调查,确定了一批最有消费潜力的目标顾客后,再准备了五百个油漆刷子的木柄,并将之寄给这些潜在客户,同时还附上一封介绍商店各种油漆产品的信,然后请顾客凭信到店里,就可领取油漆刷的另一半——刷毛头。结果只有一百多人前来,虽然其中大部分人除了领走刷毛头外,也顺便购买了油漆,但并没有达到引来大批顾客的初衷。

这次的促销活动效果虽然不太理想,但毕竟有一点成绩。究竟要怎样才能吸引更多的顾客前来呢?特利斯克想,也许油漆刷子的木柄扔掉并不可惜,所以它对顾客的吸引力并不大,顾客为此专门跑一趟未必值得,但如果是一把完整的油漆刷,大部分人可能就不一定舍得扔掉了,而且如果想买油漆的话,当然也会想到这间赠送刷子的油漆店,如果我再稍微降价,来购买的人肯定会比从前更多。

于是，他改用了另一种方法。这次，特利斯克给一千多位有可能购买油漆的顾客邮寄了完整的油漆刷，同时也寄去一封信：

"亲爱的朋友，您难道不想好好油漆您的房子，让贵宅换上新装吗？

为此，敝店特地赠送您一把油漆用的刷子。

从今天起三个月为本店特别优惠期，凡是持信函前来的顾客，购买油漆一律八折优惠。请别失去这千载难逢的好机会！"

这招果然奏效，有七百五十多人来店里挑选购买了油漆。最后，他们中的有些人还成为特利斯克的老主顾，油漆店的生意也越来越兴隆。

使出"限量"招数,加速消费者下定购买决心

对于正在犹豫价钱是否合理,无法下定决心购买的顾客,可以暗示他说:"错过今天,明天就要涨价了。"当然,"限定"的方法并不仅局限于时间,也可以运用在数量上。

例如,广告上可以说:"只送给前五十名的消费者""只有购买现货才能享受售后服务""只限前三百辆可以享有七折优惠",利用上述方法,可促使消费者由犹豫转变为果断。

"限量商品"也会使消费者产生不买就会吃亏的心理,但如果在其他地方也同样可以买得到,那么消费者会产生反正还是买得到的想法,而降低购买的意愿。

所以,唯有让消费者产生"只有一次"或"最后一次"的心理,才会让消费者立刻下定决心。除此之外,人类还有另一种潜在的心理,那就是需要的渴望。

像高级手表,常常都是采取少量、多样的销售策略。采用限定生产量,譬如每种新款只限量生产一百个。因为现在的手表又便宜、性能又好,所以,要促使顾客愿意掏高出十倍、甚至二十倍的价钱去购买高级手表,就必须使

顾客感觉到"珍贵"。

在汽车广告中常出现这么一句话："本款新车产量限定两万辆。"只要是出现这类宣传的广告，那么即使是价钱非常昂贵的车，也会有人购买。这种限定的方式，总是容易促使消费者迅速、果断地做出决定。

也就是说，要消除信息过剩的情况，促使人们从思考、疑惑中迅速跳脱出来，进而做出决定，必须要"限定范围"，帮他们除去"二选一"与"还有"的这种心态。如果对方还存有"还有更好的"预期心理时，那么就要运用消除"还有更好"的技巧，使他从 A 和 B 中，迅速地选择其一。

另外，不妨运用第三个技巧，就是让他彻底了解其实最适合的"只有这个"。要做到这点，并不是只单纯地限定时间，也可限定数量。

以上这些技巧常用在销售中，可以说是行之有效的方法。

"得不到最珍贵"的逆向销售法

人们对于事物的态度通常是事物越朦胧不清时，反倒越会想要寻求答案。若是把这种心态运用到销售上，也是个不错的推销策略。

某天，一位推销员在兜售一种厨具。他敲了敲安徒先生家的门，他的妻子开门请推销员进去。安徒太太对他说："我先生和隔壁的路易先生正在后院,他们不一定有兴趣。不过，我和路易太太愿意看看你的厨具。"

推销员则回答："请你们的丈夫也一同到屋子里来吧！我保证，他们一定也会喜欢我对新产品的介绍。"

于是，两位太太"硬逼"着他们的丈夫也进来了。

推销员做了一次极其认真的烹调表演。他用他所要推销的那一套厨具以小火不加水地煮苹果，然后又用安徒太太家的厨具以传统方法加水煮，两种不同方法煮成的苹果区别如此明显，让两对夫妇留下深刻的印象。但是男人们又不愿意贸然买下什么，因而摆出兴趣不大的样子。

于是，推销员洗净厨具，包装起来，放回到样品盒里，对两对夫妇说："多谢你们让我做了这次表演，我虽然很希望能够在今天向你们提供厨具,但我今天只带了样品,不过应该没有关系,也许你们将来才想买它吧!"

说着,推销员起身准备离去。这时两位先生都立刻表示对那套厨具感兴趣,他们站了起来,想要知道什么时候能买得到。

不过推销员这时却语带诚恳地向两位男士说明,"两位先生,实在抱歉,我今天确实只带了样品,而且公司什么时候出货,我也无法知道确切的日期。不过请你们放心,等能出货时,我一定会记得你们的。"

安徒先生坚持说:"唷,也许你会把我们忘了,谁知道呀?"

这时,推销员感到时机已到,就自然而然地提到了订货事宜。他说:"之前已经有好几个客户也是这么跟我说的,希望我一定要尽快把货出给他们,为了怕到时新产品供不应求,您可以先预付一些订金,这样公司一出新货就会帮你们立刻送达。不过这可能还要等待一个月,甚至两个月。"

这时,两位丈夫二话不说,赶紧掏出钱付了订金。大约六个星期以后,他们如愿收到了这套新厨具。

人的天性似乎总是想要得到难以得到的东西。在这

Chapter 7 抓准消费心理，激起购买欲

里，推销员只是利用了人们的这个天性，运用了一点销售心理学方法而已。这种方法很有效，但请务必记住：对待顾客一定要诚恳老实，千万不能耍花招。否则顾客会认为你这是欺诈行为，从而对你丧失信任感。

让人无法拒绝的高帽子推销术

每个想要说服别人购买自己产品的业务人员，或是善于要求对方接受自己建议的人，都常使用一个让人难以抗拒的方法，那就是毫不吝啬地称赞对方。

有位任职于某大知名杂志社的编辑，他对说服作家们写稿很有一套。不论那些人手上事务如何繁忙，他都有办法让他们答应为他写稿。其实他的口才并不属于非常好的，但奇怪的是，那些作家总是无法拒绝他的请求。

"当然我知道您很忙，就是因为您很忙，才说明您的作品非常畅销，很多出版社向您约稿，那些过于空闲的作家写出来的作品，肯定没有您好。"

根据他所说，这种说法从未失误过。一般来说，当对方已有很充分拒绝的理由时，若想让他再接受你的请求是十分困难的。但如果你事先也知道他们会用这些理由来拒绝你，而因此就裹足不前的话，那会增加他拒绝的想法，于是气氛就更加紧张，也不用提什么说服了。但若能运用前述的技巧，先给对方来个高帽子，找出他的种种优点来称赞，那就会使他不好意思拒绝，也就是巧妙地使对方的"不"成为"是"的一种高明技巧。

Chapter 7 抓准消费心理，激起购买欲

这种心理技巧最适合于用在化妆品的促销上。当专柜促销员在介绍产品给顾客之前，她们心里早有被对方拒绝的准备。有些顾客可能说："你的东西我已经有了，现在暂时不需要。"来个委婉的拒绝，此时你若处理不好的话，可能会惹怒对方。

但如果你说："您说得很对，况且您的皮肤一看就知道不需要特别的化妆品保养也能保持得很好，像您这样年轻……"听到这句话，相信没有一个女人是无动于衷的，接着你又说："但是为了防止日晒……"不等你说完，对方的钱包已经打开一半了。

给别人戴高帽，说白了就是使用恭维性的语言，使对方产生一种优越感与满足感。心理学家就曾指出，当一个人具有优越感与满足感时，会较容易产生怜悯对方，或不想破坏这种和谐关系的心理，这样，就有可能做出对说服的一方有利的举动。

画出未来蓝图，达成销售目的

在推销商品时，难免会遇到非常固执的顾客，作为一个优秀的推销员，不应立即放弃，而是该想出方法来说服他们。美国有一位经销《百科全书》的业务员，在上门推销一套儿童《百科辞典》时，碰上了一位非常固执的太太。她说什么也不愿掏钱为孩子买一部《百科辞典》。

"我的孩子对看书根本就不感兴趣，为他花那么多钱买一部《百科辞典》还不是浪费吗？"太太说道。

推销员环顾了一下太太家中的陈设，说道："太太，我敢担保，您的这幢房子至少已有五十年以上的历史了，但它至今仍这样坚固；想必当初地基一定打得很好。同样的，要想孩子长大有出息，就得从小打下良好的基础才行，而我们的《百科辞典》，正是为孩子们打基础用的。"

"但我的孩子讨厌读书，请你不要逼我花冤枉钱吧！"

"我怎么会逼您呢？"推销员柔声说道："夫人，爱孩子，难道不是母亲的天性吗？如果您的孩子得了感冒或四肢发育不良，您会对他不闻不问吗？您一定早就带他去医院治疗了，就是花再多的钱，您也是愿意的，您说对吗？"

Chapter 7 抓准消费心理，激起购买欲

"这又有什么相干？"太太说。

推销员这时脸色严肃起来："怎么会不相干呢？感冒和四肢生了病，这是身体上的病。您有想过吗？一个人头脑也会得病，会得种种看不见的病。孩子的厌读症就是其中的一种。我们的《百科辞典》正是医治孩子厌读症的良药。您看，这些书的插图多漂亮，故事内容多有趣，知识多么的丰富呀！为了医治您孩子的厌读症，您难道就不愿意花这一点钱？您就愿意让他变成一个头脑简单、没有出息的人？哪怕是当作一种智力投资或是培养阅读好习惯的第一步，您也该为您的孩子买一部儿童《百科辞典》呀！"

"我真服了你了，你真会说，也的确说出我心中的想法！"这位太太露出了笑脸，"每月的分期付款是多少？"她问道。

这位推销员果然达成目的了。他在对方表示不愿购买后并没有泄气，也没有喋喋不休地说服对方。而是用了一个巧妙的比喻，把话题引开，最后又转回让对方买书的重点上，并借由孩子的未来说服对方。最后自然成功了。

用幽默说法巧妙推销商品

我们在生活中经常会遇到各种各样的矛盾，甚至是相当棘手的难题，需要去妥善处理。我们的经验是：不轻松的问题，可以用轻松的方式来解决，严肃之门可以用幽默的钥匙来开启。同样的，这也可以用在销售之上。

曾有位大学生想法灵活、点子很多，个性诙谐幽默，他毕业后选择当了推销员，某天他想出一个好主意。他走进一家报社问："你们需要一名有才干的编辑吗？"

"不。"

"记者呢？"

"也不需要。"

"印刷厂如有缺额也行。"

"不，我们现在什么空缺也没有。"

"那你们一定需要这个东西。"

年轻的推销员边说边从皮包里取出一块精美的牌子，上面写着："额满，暂不雇人。"如此，他轻而易举成功地售出所推销的亚克力牌。

美国俄亥俄州的著名演说家海耶斯，三十年前还是一

Chapter 7 抓准消费心理，激起购买欲

个初出茅庐的实习推销员。有一次，一个老练的推销员带着他到某地推销收款机。

这位推销员身材矮小、肥胖，却充满着幽默感。当他们走进一家小商店时，老板粗声粗气地说："我对收款机没有兴趣。"这时，这位推销员就倚靠在柜台上，咯咯地笑了起来，仿佛他刚刚听到了一个世界上最妙的笑话。店老板直愣愣地瞧着他，不知所以然。

这位推销员挺起身子，微笑着道歉："对不起，我忍不住要笑。你使我想起了另一家商店的老板，他也跟你一样说没有兴趣，后来却成了我们熟识的主顾。"

而后这位老练的推销员热心地展示他的样品，历数其优点，每当老板以比较缓和的语气表示不感兴趣时，他就笑哈哈地引出一段幽默的回想，又说某某老板在表示不感兴趣之后，结果还是买了一台新的收款机。

旁边的人都瞧着他们，海耶斯又窘又紧张，心想他们一定会被当作傻瓜一样赶出去。可是说也奇怪，老板的态度居然转变了，开始想搞清楚这种收款机是否真有那么好。不一会儿，他们就把一台全新的收款机搬进了商店，那位推销员以行家的口吻向老板详细说明了使用步骤。他运用幽默的力量，果然获得了最后的成功。

幽默能使你豁达超脱，使你生气勃勃；幽默能使你具有影响力，使你打破僵局，摆脱困境。幽默更是不可或缺的言语润滑剂，也是成功者须具备的特质之一，这是有效营销必不可少的方法之一。